东方剑桥国际商务系列

Practical Training of Internet Trade

网络贸易实战

主　编　潘百翔
副主编　李　琦　蒋伟男　李紫微

ZHEJIANG UNIVERSITY PRESS
浙江大学出版社

图书在版编目（CIP）数据

网络贸易实战／潘百翔主编．—杭州：浙江大学出版社，2015.8(2019.1 重印)

ISBN 978-7-308-15002-6

Ⅰ.①网… Ⅱ.①潘… Ⅲ.①网络贸易—高等职业教育—教材 Ⅳ.①F713.36

中国版本图书馆 CIP 数据核字（2015）第 190483 号

网络贸易实战

潘百翔　主编

责任编辑　李　晨
责任校对　张一弛
封面设计　项梦怡
出版发行　浙江大学出版社
（杭州市天目山路 148 号　邮政编码 310007）
（网址：http://www.zjupress.com）
排　　版　杭州中大图文设计有限公司
印　　刷　杭州杭新印务有限公司
开　　本　787mm×1092mm　1/16
印　　张　10
字　　数　237 千
版 印 次　2015 年 8 月第 1 版　2019 年 1 月第 4 次印刷
书　　号　ISBN 978-7-308-15002-6
定　　价　25.00 元

目　录

第一章 网络贸易概述

知识目标：

1. 网络贸易的基本含义
2. 网络贸易的发展现状与趋势
3. 跨境电子商务的相关知识
4. 典型的网络贸易平台

能力目标：

1. 能说明网络贸易的基本操作流程
2. 能说出网络贸易的主要平台并分析各自优势
3. 能说明跨境电子商务的基本操作流程
4. 能分析各种网络贸易开拓方式的优势产品类型

第一节 网络贸易的理论发展

一、网络贸易的概念

网络贸易(Internet Trade)是电子商务的重要组成部分之一，它是指通过互联网所进行的贸易活动，或者是指以互联网为载体，利用数字化方式进行的在线交易。在网络贸易中，贸易活动的各方通过不同的网络服务平台，发布并浏览贸易信息、进行贸易洽谈、签订贸易合同、支付货款等。其内容包含两个方面：一是电子方式；二是商贸活动。

从网络贸易的发展趋势看，按照交易的界限分类，一般分为国内网络贸易和国际网络贸易。国内网络贸易一般与目前国内的电子商务的概念类似，就是利用国内的网络贸易平台进行商务活动；国际网络贸易也有多年的发展，目前与跨境电子商务的含义基本类似。

二、网络贸易的特点

与传统的商业贸易相比较，新经济时代网络贸易发展具有以下四个基本特征。

1. 交易虚拟化

在网络经济时代，人类贸易活动将由以物理空间为主转向以媒体空间为主，诸如虚拟要素市场、虚拟商品市场、虚拟金融机构等虚拟经济场所和经济主体，整个交易都在虚拟的场景中进行。但这种虚拟并不是虚无的，交易双方通过电信网络进行接触和签约，经济活动实实在在地进行着。

2. 贸易全球化

网络贸易突破了商业活动的时空限制,交易双方通过因特网信息技术连接,构成了覆盖全球的贸易网络。各贸易国之间可以通过世界范围内的计算机网络快速寻找贸易伙伴,快速完成贸易活动,提高了贸易效率,降低了贸易成本,形成了全球统一的大市场,为最终实现贸易全球化打下了坚实的基础。

3. 贸易智能化

网络贸易的本质是建立一种全社会的"网络计算环境"或"数字化神经系统",并在此基础上借助全新手段进行的贸易活动。网络经济时代,人类贸易活动的基础不再是对产品的拥有量,而是对技术和知识的拥有量。贸易建立在知识基础上,信息成为最重要的战略资源,知识是最关键的生产要素,贸易过程的财富分配以技术和知识为转移,贸易产品也将朝智能化产品发展。

4. 贸易机会均等化

在传统贸易中,发展中国家与发达国家、小企业与大企业的贸易机会是不均等的。随着网络贸易的发展,各贸易方的网上交流会显著增加,贸易信息资源将更加开放,共享性更强。网络贸易制造了公平的外部竞争环境,使发展中国家、小企业能方便快捷地与国际市场相连,迅速进入国际市场并参与竞争,实现了与发达国家、大企业均等的贸易机会。

案例 1-1　　**网络贸易不好做,贵在技巧和坚持①**

根据很多业务员网络贸易开拓的经验,他们普遍认为贸易经验和心态非常重要,其次是公司的运作方式和实力以及产品。网络贸易也就是通过网络找到客户做成生意,网络要找到进口商很容易,可以找到很多对口的买家信息。这些信息又分为收费信息和免费信息,要靠一些网络技术去寻找。虽然有很多信息,业务员却很难做成生意。现在连参加广交会都难以在现场接到几个订单,要想靠网络这种低成本手段迅速找到客户并做成生意,是不现实的。

通过网络当然能做成生意,但是绝非易事,心态很重要。一天 8 小时待在电脑旁边,一周 48 小时,大多数时间是在搜索、发邮件、等待回复、报价,周而复始,这对一个业务员的信心和承受力是非常大的考验。一个正规的公司每天都会收到新客户的询盘,而认真回复网络客户的询盘后,客户的回复却往往如石沉大海。有时客人回复了一次就没再回复了,有时候回复了五六次就不见踪影,有时候来回交谈了十几次最后还是不了了之。所以网络贸易往往是挫败的时候多,喜悦的时候少。这时候信心就要承受相当大的考验,有可能一个星期、半个月、一个月、三个月下来都是这样,业务员信心全无,悲观失望,无奈叹气,从而认为网络上做不成生意,网络信息都是垃圾。这样当然很难成功,也不会做出成绩。在网络上碰到这种情况是很正常的,网络贸易也是这样操作的,问题是大多数人在这种情况下看到的只是穷途末路,没有看到希望。所以它与业务员的信心和承受力有重要关系,对心态是极大的考验,多次邮件往来后业务员信心全无,若不能及时调整心态,是谈不成生意的,甚至连业务员自己都在考虑是不是要辞职走人。

---

① 案例来源:http://www.ebrun.com/online_trading/4903.html.

网络贸易除了跟业务员的信心和承受力有重要关系外，还跟业务员的贸易经验有关。网络是一种贸易手段、工具，它跟其他贸易手段差不多，比如传递信息，展览会上的面对面交流，人对物理样板的信息交流等。通过谈才能做成生意，自然跟业务员的贸易经验和个人风格有关：对出口业务的了解、对产品的了解、对价格优势的了解，能否很好地把握风险，能否很好地分辨客户，能否很好地掌握外贸知识等。所以一个有经验的外贸业务员以他的经验和个人风格吸引客户，可以通过网络谈成生意，而外贸新手要谈成生意就需要一段时间的摸索了，生意场上处处是陷阱，网络上也可能处处是骗局。

网络生意达成与否还跟公司的实力和运作方式有关，一个网络业务员不管是通过网络还是展览会开拓业务，都要先熟悉公司的产品和运作方式，只有了解了这个公司的贸易运作方式、贸易流程，同事是怎样互相配合的，有哪些产品，价格如何，如何报价(这些每个公司都不一样)，才能开始开拓业务。另外公司的产品和实力也跟网络业务员能否很快地开拓出业务有重要关系，比较适合在网上卖的产品当然容易开拓出客户，而公司的实力更是决定了产品的质量、知名度、价格优势、报价及时、竞争力等。公司实力强，只要稍加开拓，询盘信息就源源不断而来，客户会自己联系上门。

进行网络推广也非常重要。网络业务员可以在网上做很多事情：与开发工厂聊天，对比别人的产品和自己的产品，询问工厂价格，学习产品知识和贸易知识，交朋结友(与同行业的朋友进行生意上的交流分享)，搜索跟业务有关的资料，搜索买家资料，联系客户，了解国外产品动向，了解新产品开发和设计等。所以网络业务员要能熟练地操作电脑，电脑能够做与贸易有关的一切事情。同时，在网下他也要下工厂了解产品和工厂。

进行网络推广首先要有自己的网站，然后再推广，现在的 B2B 网站多如牛毛，越来越多的网站要求收费，要收费自然有它的价值，没有亲身感受，没有亲自去网络上开拓业务就不懂得如何去推广、去投资。比如大家都知道要投资阿里巴巴，但是投资下去谁知道会不会有订单，能不能收回投资成本？只有自己亲身经历，才知道要以什么样的心态去操作，否则即使投了钱，有一些询盘，也谈不成生意。以我的经验，要根据每个公司的实际情况和产品情况，由懂得电子商务的人去操作，持之以恒，自然会有结果。

三、网络贸易的发展趋势

(一)网络贸易型网站将会出现兼并热潮

首先是网站的兼并，那些处于领先地位的网络贸易企业在资源、品牌、客户规模等很多方面具有很大的优势，但与国外著名网络贸易公司相比还有很大差距。这些具备良好基础和发展前景的外贸网站，可以通过互相合作、兼并的途径逐步壮大。目前中国为数不少的外贸网站属于重复建设之列，定位相同或相近，业务内容趋同。由于资源有限，并且在因特网“赢家通吃”原则下，最终胜出的只是名列前茅的少数外贸网站。其次是互补性兼并，由于个性化、专业化是网络贸易发展的两大趋势，而且每个网站在资源方面总是有限的，客户的需求又是全方位的，所以不同类型的网站以互补的方式进行合作也是增强竞争力的主要方式。

(二)行业网络贸易将成为下一代网络贸易发展的主流

第一代网络贸易专注于内容,中国网络贸易进入迅猛发展时期的典型特征是风险资金、网站定位等将从以往的"大而全"模式转向专业细分的行业商务门户模式。第二代网络贸易专注于综合性网络贸易,也就是业务的全面和逐步深化。而下一代的行业网络贸易将增值内容和商务平台紧密集成,充分发挥互联网在信息服务方面的优势,使网络贸易真正进入实用阶段,也就是向专业领域和行业领域的纵深发展。

(三)网络贸易的深度将进一步拓展,渗透到外贸行业中

网络外贸公司将从网上商店和门户的初级形态,过渡为将外贸公司的核心业务流程、客户关系管理等都延伸到网络上,使产品和服务更贴近用户需求。目前受限于技术创新和应用水平以及各种客观因素,外贸行业电子商务的发展仍处于起步阶段。随着这些水平的提高以及其他相关技术的发展,网络贸易将向纵深挺进,渗透到外贸行业,新一代的网络贸易形式将浮出水面,取代目前简单地依托"网站+平台"的模式。互动、实时成为外贸公司信息交流的共同特点,网络成为企业资源计划、客户关系管理及供应链管理的中枢神经。外贸公司将创建、形成新的价值链,把新老与上下游利益相关者联合起来,形成更高效的战略联盟,共同谋求更大的利益。

(四)中国网络贸易将面临严峻挑战

网络贸易化是国际贸易发展的必然趋势,随着国际网络贸易环境的规范和完善,中国网络外贸公司必然走向世界,这也是进一步扩大对外经贸合作和适应经济全球化、提升中国外贸公司国际竞争力的需要。但与此同时,因为国外的网络贸易平台更规范,建设时间更长久,我国在平台的竞争上将面临更大的压力。

(五)网络贸易将催生新行当——网络贸易应用服务商

网络贸易是将来的主要商务交易模式,但对于国内为数众多的中小型外贸公司来说,将面临如建设投入大、运营成本高、见效周期长、效果不理想、缺乏标准化的应用系统、软硬件需不断升级等一系列难题。有了这些外贸应用服务商,中小外贸公司可以把上述问题转给他们去解决,只专注于做好自己的产品和服务便可。

任务 1-1　　**什么样的产品在淘宝上最容易成交?**

经总结,主要包括以下类别:一是具备独特性或时尚性的商品;二是价格合理的商品,如果网下可以用相同的价格买到,就很少有人在网上购买;三是不要在网上出售低过运费的单件商品,这样只会亏本;四是体积要小,这样可以便于运输,降低成本;五是网下没有,只有网上才能买到,比如外贸订单产品或者直接从国外带回来的产品;六是大家可以在网上看看其他人都是出售哪些商品的,如果此类产品多的话,说明这类产品很有市场。但这样的市场是不是你的市场,要看你的产品有没有竞争优势,如果是同一品牌就主要看价格有没有优势,如果是不同的品牌就要看你的品牌的影响度和产品的性价比等。

1. 请举例说明具体有哪些产品?为什么?

2. 通过淘宝或者拍拍网调查,什么商品现实中有而网上没有?

第二节　跨境电子商务

一、跨境电子商务的内涵

跨境电子商务是指分属不同关境的交易主体，通过电子商务平台达成交易、进行支付结算，并通过跨境物流送达商品、完成交易的一种国际商业活动。

跨境电子商务作为推动经济一体化、贸易全球化的技术基础，具有非常重要的战略意义。跨境电子商务不仅冲破了国家间的障碍，使国际贸易走向无国界贸易，同时它也正在引起世界经济贸易的巨大变革。对企业来说，跨境电子商务构建的开放、多维、立体的多边经贸合作模式，极大地拓宽了进入国际市场的路径，大大促进了多边资源的优化配置与企业间的互利共赢；对消费者来说，跨境电子商务使他们非常容易地获取其他国家的信息并买到物美价廉的商品。

二、跨境电子商务的主要模式

我国跨境电子商务主要分为企业对企业（即 B2B）和企业对消费者（即 B2C）的贸易模式。B2B 模式下，企业运用电子商务以广告和信息发布为主，成交和通关流程基本在线下完成，本质上仍属传统贸易，已纳入海关一般贸易统计。B2C 模式下，我国企业直接面对国外消费者，以销售个人消费品为主，物流方面主要采用航空小包、邮寄、快递等方式，其报关主体是邮政或快递公司，目前大多未纳入海关登记。

三、跨境电子商务的网站举例

（一）www. lightinthebox. com

兰亭集势（Lightinthebox）是中国整合了供应链服务的在线 B2C（内部叫作 L2C，Light In The Box 2 Customer）网站（见图 1-1），该公司拥有一系列的供应商，并拥有自己的数据仓库和长期的物流合作伙伴。兰亭集势成立于 2007 年，注册资金 300 万美元，是目前国内排名第一的外贸销售网站。截止到 2010 年，兰亭集势是中国跨境电子商务平台的领头羊。2010 年 6 月，兰亭集势完成对 3C 电子商务欧酷网的收购。

（二）www. dinodirect. com

大龙网由软岛科技 CEO 冯剑峰建立。大龙网科技有限公司是由注册地在香港的 DinoDirect China Limited（大龙网中国有限公司）独资设立的外资企业。投资方 DinoDirect China Limited（大龙网中国有限公司）的核心业务为“跨国 B2C 电子商务在线零售运营服务、由中国制造直接销售至海外终端消费者，推动中国制造走向世界品牌”。大龙网（dinodirect. com）在 2009 年上线，是中国最大的跨国电子商务交易平台之一，由冯剑峰及其核心团队创立（见图 1-2）。大龙网全球总部设在重庆，在全球有 10 家分公司，分布于美国、加拿大、日本及澳大利亚等地，业务覆盖全球 200 多个国家和地区，中外员工近千名。大龙网专注于跨国电子商务零售业务，年销售收入增长率超过 300％。2010 年，大龙网营业额为 3000 万美元。

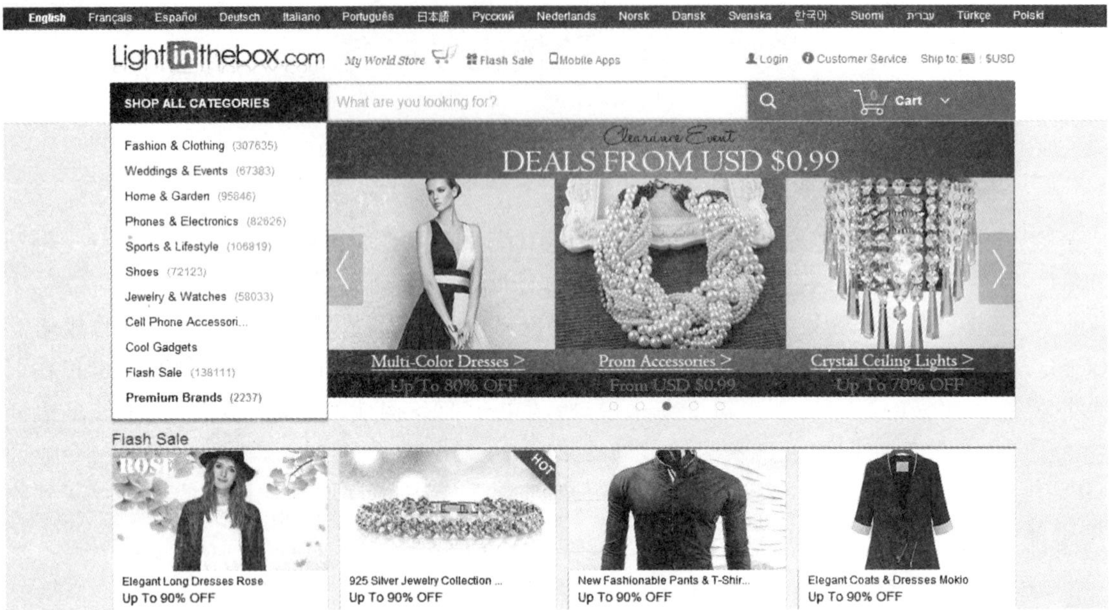

图 1-1　兰亭集势平台首页

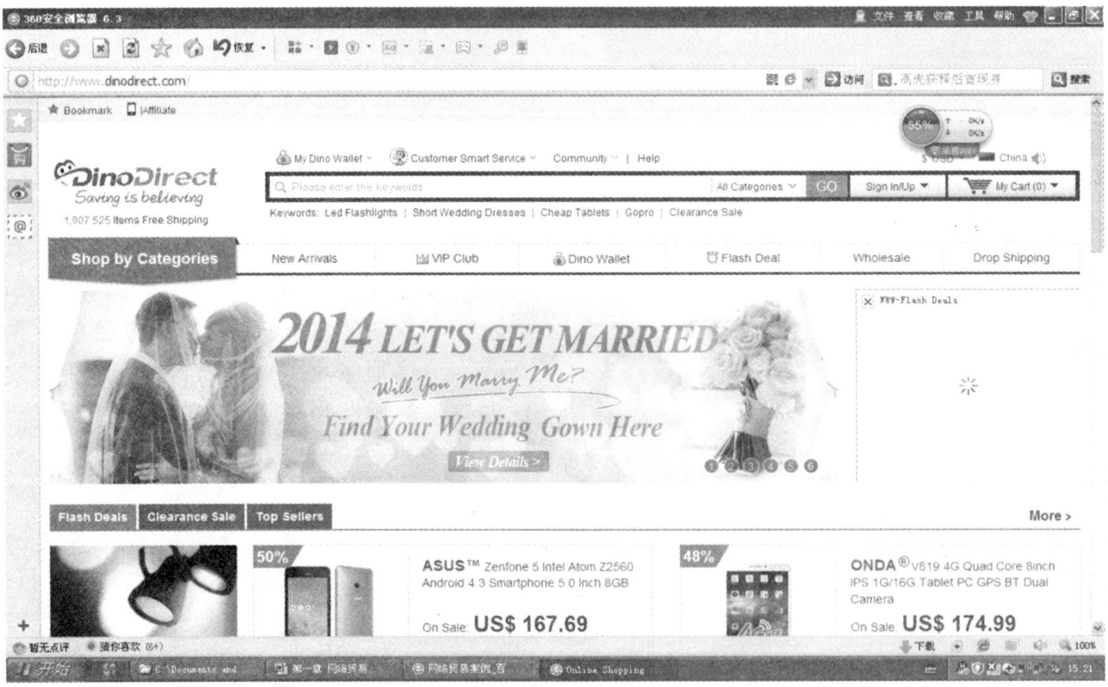

图 1-2　大龙网平台首页

(三)www.vancl.com

凡客的英文网站(en.vancl.com)已经上线(见图 1-3)。凡客创始人陈年曾表示,公司主要目标是做大规模,上市并不是凡客的头等任务。“如果凡客今年能过 100 亿,2012 年肯定能过 300 亿。”对于凡客加速上市步伐，有人猜测，是近期资本市场的火热搅动了陈年的心，或者是凡客期待成为另一个亚马逊，需要通过融资来大举扩张。

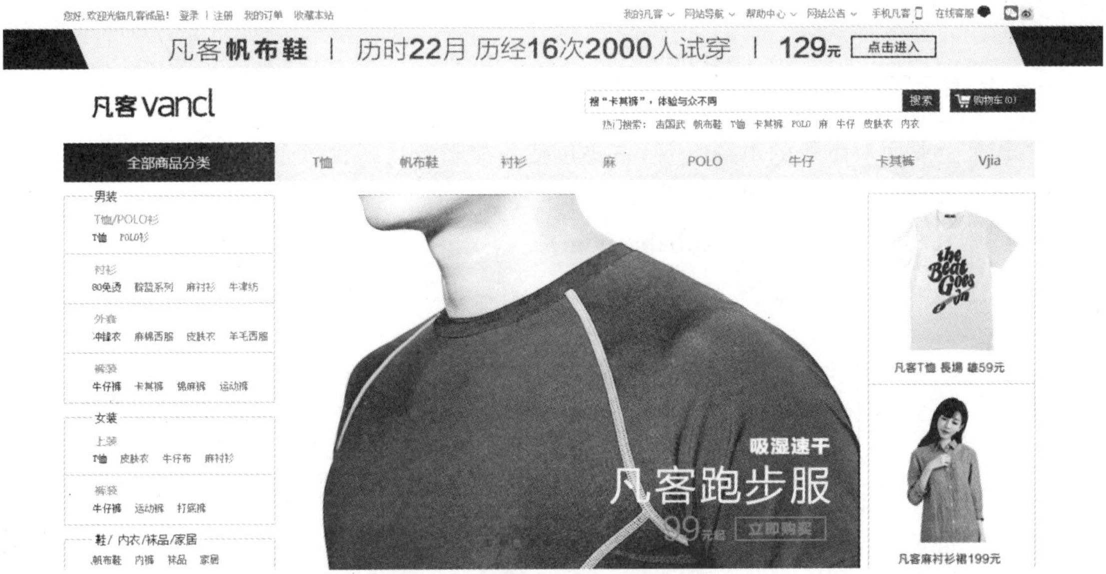

图 1-3　凡客诚品首页

案例 1-2　　**17 家第三方支付机构获跨境支付牌照**

所谓支付机构跨境电子商务外汇支付业务，是指支付机构通过银行为小额电子商务(货物贸易或服务贸易)交易双方提供跨境互联网支付所涉的外汇资金集中收付及相关结售汇服务。

业内人士表示，第三方支付机构跨境支付业务试点的铺开，不但直接对参与试点的支付机构有利，还有利于境内的电商平台和网上卖家。“通过试点支付机构，网上个人卖家可以直接与境外买家进行交易，无须再为个人结售汇等烦琐的手续而困扰。”

本次获得牌照公司的名单是：汇付天下、通联、银联电子支付、东方电子支付、快钱、盛付通、环迅支付、富友支付、财付通、易极付、钱宝科技、支付宝、贝付科技、通融通、钱袋网、银盈通、爱农驿站科技服务有限公司。

其中，支付宝、汇付天下、通联、银联电子支付、快钱、盛付通、财付通、环迅支付、富友支付、通融通、爱农驿站科技服务有限公司的业务范围为货物贸易、留学教育、航空机票及酒店住宿；易极付、东方电子、钱宝科技的支付业务范围限于货物贸易；贝付科技的支付业务范围则限于货物贸易及留学教育。

国家外汇管理局曾下发《支付机构跨境电子商务外汇支付业务试点指导意见》，决定在上海、北京、重庆、浙江、深圳等地开展试点，允许参加试点的支付机构集中为电子商务客户办理跨境收付汇和结售汇业务。

第三节　典型网络贸易平台简介

一、B2B 平台

B2B 是企业面对企业的电商平台，主要包括各类服务性平台及企业的官方网站等，比较著名的服务类平台有阿里巴巴、中国制造网等。

1. 阿里巴巴国际站(www.alibaba.com)

阿里巴巴国际站首页如图 1-4 所示。

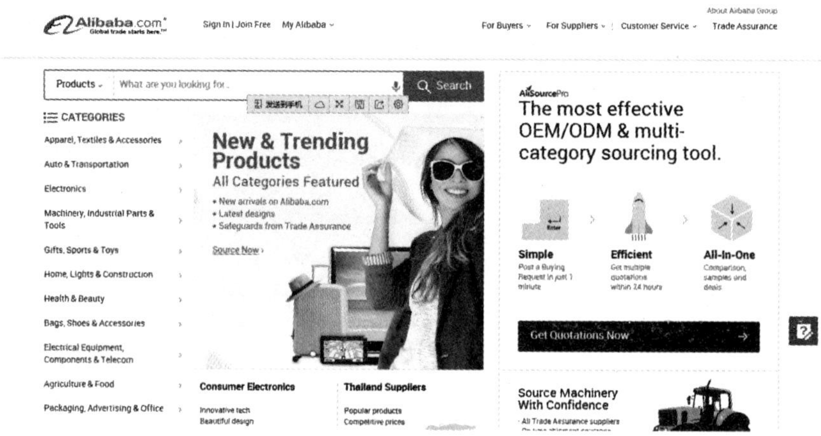

图 1-4　阿里巴巴国际站首页

2. 阿里巴巴国内站(www.alibaba.com.cn)

阿里巴巴国内站首页如图 1-5 所示。

图 1-5　阿里巴巴国内站首页

3. 中国制造网国际站(www.made-in-china.com)

中国制造网国际站首页如图 1-6 所示。

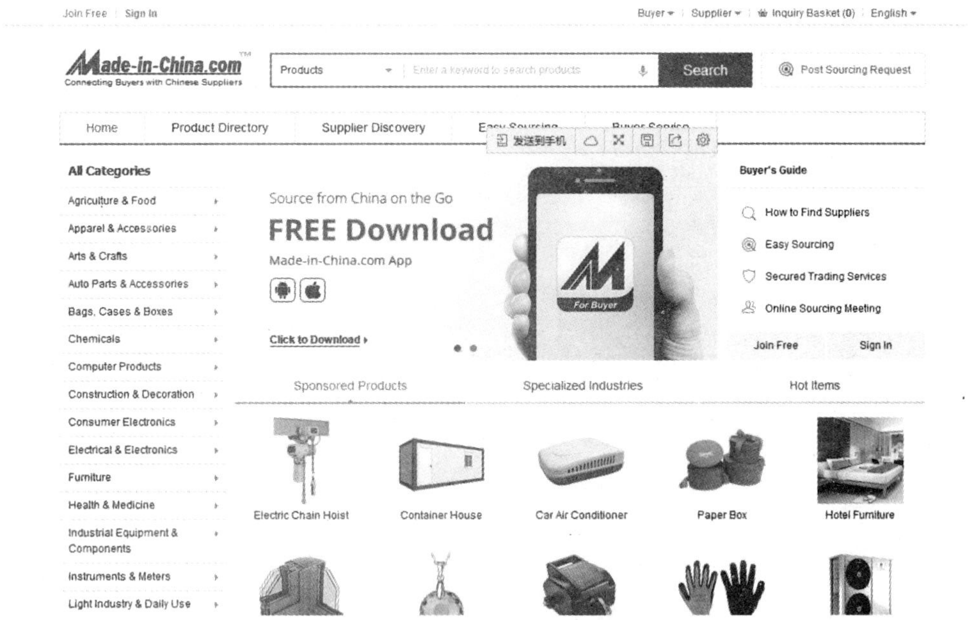

图 1-6　中国制造网国际站首页

二、C2C 平台

C2C 在前几年很流行,不过到了 2013 年发展趋势已大不如前。个人创业可以尝试淘宝(见图 1-7)、拍拍等,企业则尽量不要涉足 C2C 了。天猫独立后,C2C 商家之间的差距就已逐渐拉开,C2C 将辉煌继续。

图 1-7　淘宝网首页

三、B2C 平台

B2C 是企业面对个人的电商平台，虽然日渐高企的流量成本正成为 B2C 平台难以负荷之重，但是依然抵挡不了 B2C 的持续发展。B2C 平台仍然是很多企业选择网上销售平台的第一选择。

1. 京东商城(www.en.jd.com)

京东商城国际站首页如图 1-8 所示。

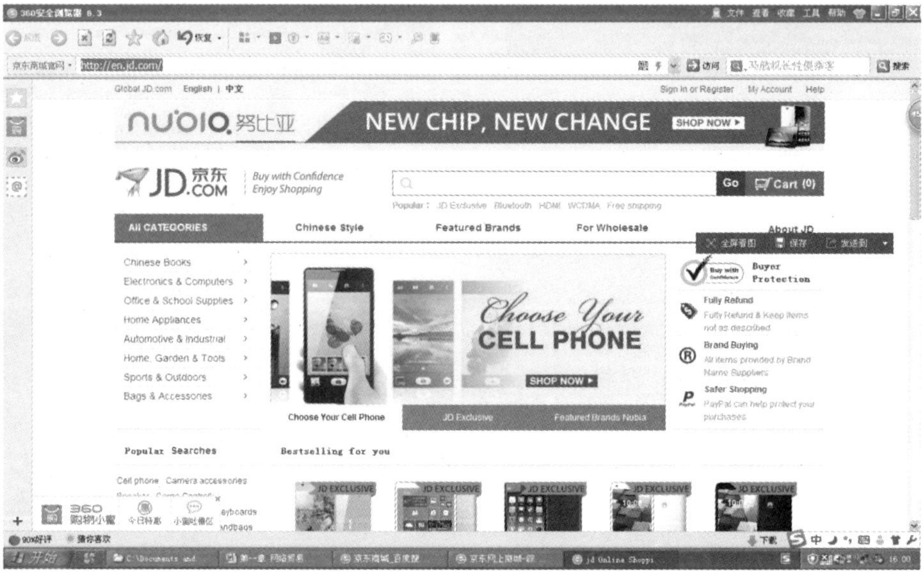

图 1-8 京东商城国际站首页

2. 苏宁易购(www.suning.com)

苏宁易购首页如图 1-9 所示。

图 1-9 苏宁易购首页

四、O2O 平台

O2O 电子商务即 Online to Offline（在线离线/线上到线下），是指将线下的商务机会与互联网结合，让互联网成为线下交易的前台。商家通过免费开网店将商家信息、商品信息等展现给消费者，消费者在线上进行筛选并支付，在线下进行消费验证和消费体验。目前正在运用 O2O 摸索前行的商家们，也常会使用比线下支付更为优惠的手段吸收客户进行在线支付。所以，O2O 模式既能极大地满足消费者的个性化需求，又为消费者节约了不少支出。

典型的 O2O 平台主要是指团购平台，如拉手网、大众点评网（见图 1-10）、高朋、F 团等。

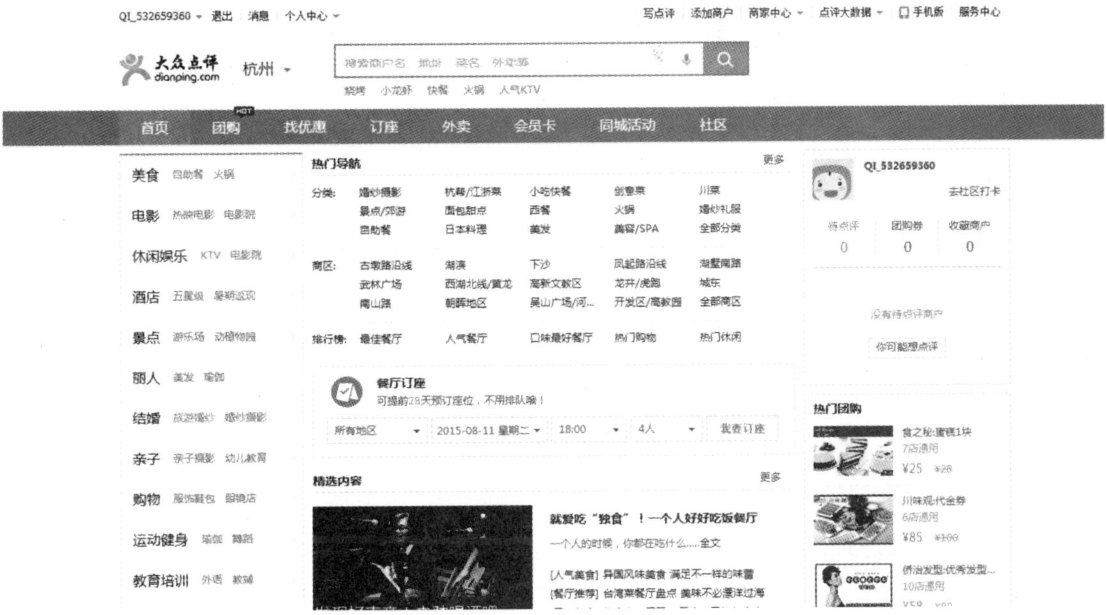

图 1-10　大众点评网首页

任务 1-2　**调研目前嘿客的经营状况，分析如何改进嘿客的线下体验过程**

继"互联网思维"普及之后，O2O 成为新一代神乎其神的互联网领域概念，似乎只要哪家公司搞了 O2O，就可以召唤无限的财富。于是，顺丰这个原本和互联网关系不大的快递公司果断跳进了 O2O 的怀抱，冠以 O2O 实体门店之名的顺丰嘿客瞬间在国内部分大城市遍地开花，赢得了互联网专家们的满堂喝彩。

进入了嘿客（见图 1-11），大家马上被嘿客所谓的 O2O 震惊了：只有广告牌，没有实物！这和看电脑上的广告并没有区别，而且平台广告的产品信息远不如电商网站的产品介绍来的翔实。O2O 所谓的线下体验在哪里？

一位顾客自助下单失败，于是他求助了店员，店员热情地帮助他在收银台的电脑上下了单，这位顾客随后便满意地走了，大概准备回家收快递了。正常人看到这里，或许都会质疑，这不就是和在家电卖场买东西一样吗？在店里看了看样机，满意的话就找店员下单，若是大型家电便可回家等着送货上门。可惜的是，嘿客的体验还不如家电卖场，因为它连样品都没有。

图 1-11　2014 年开业但门庭冷落的嘿客店

请问我们能给嘿客实体店什么改进建议呢？

五、网上商城

网上商城类似于现实世界中的商店，差别在于网上商城是利用电子商务的各种手段，达成从买到卖这一过程的虚拟商店，减少了中间环节，消除运输成本和代理过程中的差价，为市场流通带来巨大的发展空间。

包括前面所述的 B2B、C2C、O2O 等都可以看作是网上商城的范畴。

六、CPS 平台

CPS 联盟比“供应商代发货”模式更进一步，英文全称 Cost Per Sales，即按销售付费。CPS 联盟实际上就是一种广告，以实际销售产品数量来计算广告费用，是最直接的效果营销广告。CPS 广告联盟就是按照这种计费方式，把广告主的广告投放到众多网站上。

图 1-12　亿起发平台首页

主流的 CPS 平台包括领克特、亿起发(见图 1-12)等,是电商较主流的推广方式之一,费用通过 CPS 模式推广产生的有效订单进行比例分成。CPS 模式成为主流推广模式的很大原因就是零风险,传统的广告投放很有可能花了大价钱却收获很低的转化率。通过竞价、淘宝直通车可能不能产生订单,但是 CPS 是产生了销售额才会有佣金。

七、运营平台

包括中国移动、中国联通、中国电信在内的各运营商现阶段都有属于自己的商城平台。由于通信业务的硬性需求,运营商平台的用户始终具有一定的依赖性和黏性,所以提前发展这些平台具有很大的战略意义。

思考与练习

项目一:网络贸易日常工作初体验——回复询盘

业务员小张收到一个询盘,内容如下:

Dear Tony,
this is a new request:
looking for approx 37,000 pieces of bamboo mat
plain color
size 70cm×130cm
100% bamboo
size of bamboo: height 2mm, slat 17 and 6,5mm
cotton border: 50mm
backing: antislip, 100% PP

pls send urgent photo offer to
office@schiel. at
thanks and
best regards

Michael

MICHAEL SCHIEL GMBH
Linke Wienzeile 130 A
1060 WIEN / AUSTRIA
office@schiel. at
PHONE (01) 5964140
FAX　(01) 5965169

图 1-13 竹席(bamboo mat)

请各位同学思考一下,该询盘该如何回复(竹席如图 1-13 所示)?

项目二:课堂讨论,适合做跨境电子商务的产品有什么特点?如何提升销售?

【活动目的】学生对跨境电子商务有全面的了解,能初步识别哪些产品适合跨境电商推广。

【活动内容与要求】

1. 登录淘宝网,寻找哪些产品适合在跨境电子商务平台上推广;
2. 初步查找一些国外的电子商务平台,了解产品的特点;
3. 找到一个国内淘宝上和国外知名电子商务网站上都有的产品。

【结果与检测】

1. 学生以组为单位,写出详细的适合做跨境电商推广的产品分析报告;
2. 学生以组为单位,找到能提供货源的企业。

第二章　网络贸易常用工具介绍

知识目标：

1. 网络贸易常用工具基本介绍
2. 网络贸易各类查询网站
3. 网络贸易图片及文本处理工具
4. 网络贸易外语应用工具

能力目标：

1. 能举例说明网络贸易常用工具
2. 能使用邮箱、国际聊天软件、图片处理软件等常见工具
3. 能查询各类常用网站进行贸易信息的检索
4. 能使用文本、图片处理和外语工具等进行网络贸易沟通

第一节　网络贸易的常用工具简介

案例 2-1　　**利用网络做外贸，老外一般用什么聊天工具？**

老外使用的即时通讯工具主要有 MSN、Skype、雅虎通、ICQ、AIM、Gtalk 等几种。

MSN 是微软开发的即时通信软件，主要用于企业用户，白领居多，在国外使用比较广泛。Skype 是风靡全球的网络电话，它最突出的特点在于具有清晰的语音质量，可拨打全球任何一部座机或手机，同时又具有基础 IM 功能，可以与全球好友进行免费的文字、语音、视频交流，开展电脑、手机、普通座机多终端电话会议。雅虎通是由全球领先的互联网公司雅虎(Yahoo!)推出的即时聊天工具，它拥有独特的聊天情景(IMViroment)、语音聊天室、超级视频等功能，能让用户与朋友、家人、同事及其他人进行趣味十足的即时交流。ICQ(I seek you)是世界上最流行的聊天工具、网上寻呼机，它是一个用户友好型的通信程序，支持在网上聊天，发送消息和文件等。AIM 是美国 AOL 集团开发的新一代即时消息软件，在美国使用非常广泛，拥有超过 5000 万用户。Gtalk 是美国搜索引擎公司谷歌开发的即时聊天工具，全称 Google Talk，支持文字和语音聊天，暂时没有视频功能。

提问：国内常用的交流工具 QQ 在外贸中的用处主要表现在什么方面？

一、网络贸易主要工具简介

要想成功地开展网络贸易，并与外商顺利地进行交流，完成商务活动，必须掌握一些网

络贸易工具的使用方法。具体包括：①商务信息发布平台及图片处理工具；②Adobe Reader 用于浏览 PDF 文件（见图 2-1），因为外商很多文件都是 PDF 文件格式的；③Foxmail＋“在线翻译”用于写 Email 和管理邮件（见图 2-2 与图 2-3）；④MSN、Skype 等聊天工具；⑤国际邮箱；⑥国际支付平台；等等。这里先对部分工具做简单的介绍。

二、网络贸易主要工具的使用

（一）Adobe Reader 的使用

Adobe Reader 是美国 Adobe 公司开发的一款优秀的 PDF 文件阅读软件。文档的撰写者可以向任何人分发自己通过 Adobe Acrobat 制作的 PDF 文档而不用担心被恶意篡改。

如果需要将 Word 或 Excel 等文件转换为 PDF 文件，方法有很多，这里推荐一种：使用网站 www. wordtopdf. com，可以轻松实现 Word 或 Excel 等文件类型的转换。

图 2-1　PDF 文件

图 2-2　Foxmail 邮箱登录界面

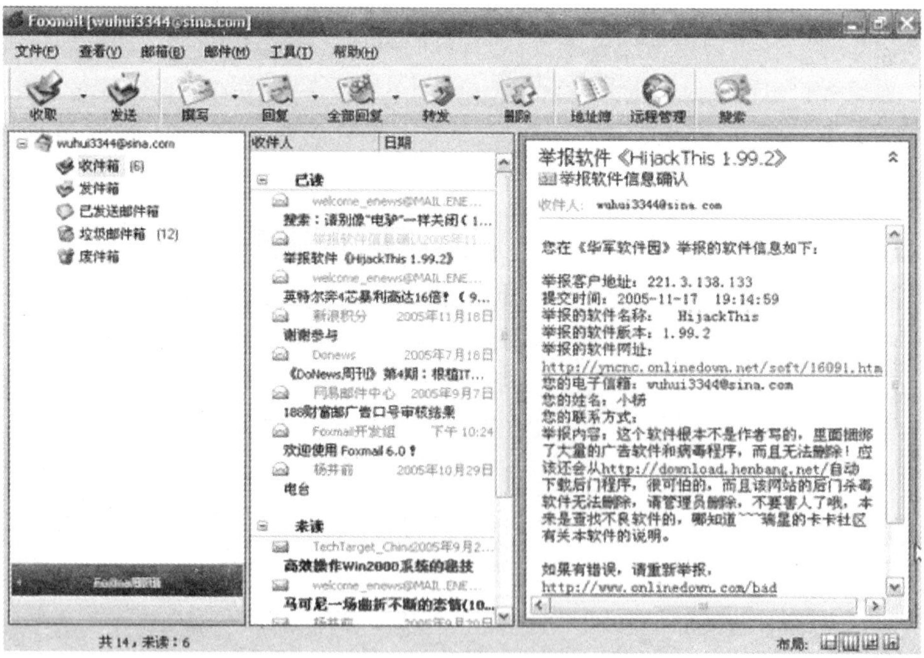

图 2-3　Foxmail 邮箱

(二)Foxmail 的使用

Foxmail 邮件客户端软件，是中国最著名的软件产品之一，中文版使用人数超过 400 万，英文版的用户遍布 20 多个国家，位列“十大国产软件”，2005 年 3 月 16 日被腾讯收购。具体使用方法如下：

1. 第一次运行 Foxmail 时，系统会自动启动向导程序，引导用户添加第一个邮件账户，弹出的第一个窗口显示提示信息，单击“下一步”按钮。

2. 进入“建立新的用户账户”窗口 ，在“用户名”框中输入用户姓名或代号等信息，此名称用于区分同一台机器上 Foxmail 的各个用户。窗口中的邮箱路径框用于设置 Foxmail 收到邮件后在硬盘上的储存路径。可以选择默认路径，即 Foxmail 程序的所在路径；也可以单击“选择”按钮指定其他位置。完成后单击“下一步”按钮。

3. 进入“邮件身份标识”窗口。在“发送者姓名”框中输入邮件中用于落款的称谓，在“邮件地址”框中输入自己已有的邮箱地址 。完成后单击“下一步”按钮。

4. 进入“指定邮件服务器”窗口 。确认 POP3 和 SMTP 服务器名、账户名、密码，单击“下一步”按钮。POP3 服务器和 SMTP 服务器地址需根据个人电子信箱的情况，查看电子信箱服务说明。例如对于 263 电子信箱，POP3 服务器为 263. net，SMTP 服务器为 smtp. 263. net。

5. 向导显示账户建立完成，单击“完成”按钮结束。在以后使用 Foxmail 时，可以从菜单选择“账户”然后用“新建”命令打开此向导建立新用户。在 Foxmail 中可以查看用户账户。单击菜单项“账户”，在弹出的账户菜单中选择最下面的“属性”项，弹出账户属性设置窗口，选择窗口中的“邮件服务器”标签选项，可以检查和修改之前设置的邮件服务器的地址，最后填入访问信箱的口令(也可以在连接收信的时候输入口令)，邮件服务器就基本设置完成了。发送邮件方法与一般邮件相同。

(三)国际聊天工具的使用

1. Skype 的使用

Skype 是一款网络即时语音沟通工具，其具备 IM 所需的功能，比如视频聊天、多人语音会议、多人聊天、传送文件、文字聊天等功能。它可以免费与其他用户进行高清语音对话，也可以拨打国内国际电话，无论是固定电话还是手机，并且可以实现呼叫转移、短信发送等功能。用户可以在官网 skype. gmw. cn 上下载和使用，目前是全球使用最广泛的网络通信工具之一。

2. 雅虎通的使用

雅虎通是由全球领先的互联网公司雅虎(Yahoo!)推出的即时聊天工具，是国际主流即时通信工具之一，在美国 2007 年即时通信市场占有率排名第一，全球每天有超过 5000 万人次登录和使用雅虎通。它拥有独特的聊天情景(IMViroment)，有语音聊天室、超级视频等功能，它能让您与朋友、家人、同事及其他人进行趣味十足的即时交流。雅虎通在中国市场份额并不高，但不少企业选择雅虎通作为主要的通信工具，加之雅虎通与 MSN 能够互联互通，这也是雅虎通颇受欢迎的一个原因。用户可以登录 messenger. yahoo. com，选择不同国家或地区的版本进行下载和使用，如 hk. messenger. yahoo. com 表示香港版本的雅虎通，sg. messenger. yahoo. com 表示新加坡版本的雅虎通。

3. ICQ 的使用

ICQ，作为 IM 软件领域的缔造者，不得不说它成就了一个时代的辉煌。1996 年 7 月成立的 Mirabilis 公司于同年 11 月推出了全世界第一款即时通信软件 ICQ（目前 ICQ 已经归 AOL 所有），取“I seek you”的谐音，意为“我在找你”。

除了常用的聊天功能以外，ICQ 还提供了文件传输、语音聊天、视频聊天、联系人管理、文件共享等功能。

4. Gtalk 的使用

Google Talk 是 Google 的 IM 工具，除了具有 IM 功能外，还加上了 VOIP（网络电话）功能，界面清新大方，可直接链接 Gmail，接收并查看邮件。

（四）国际邮箱的使用

Hotmail 是互联网免费电子邮件提供商之一，世界上的任何人都可以通过网页浏览器对其进行读取、收发电子邮件。它于 1995 年由杰克·史密斯（Jack Smith）和印度企业家沙比尔·巴蒂亚（Sabeer Bhatia）建立，并于 1996 年 7 月 4 日（美国独立日）开始商业运作。于 1997 年年末被微软（Microsoft）以 4 亿美元巨资收购，并由原来运行于 FreeBSD 平台逐步过渡至完全运行于 Windows 平台上，之后还跟微软的其他服务合并为 MSN 和 Windows Live 的组成部分。2012 年 7 月 31 日开始，微软 Outlook 逐步淘汰 Hotmail 服务，实施云计算战略。2013 年，微软宣布完成从 Hotmail 到 Outlook 邮箱的升级，用户访问 Hotmail 将被重定向至 Outlook 邮箱。Hotmail 正式终结。

特别值得注意的是，很多 Hotmail 邮箱的使用者的用户名就是 MSN 登录名。

（五）图片处理软件

1. Adobe Photoshop

Adobe Photoshop，简称 PS，是由 Adobe Systems 开发和发行的图像处理软件（见图 2-4）。Photoshop 主要处理以像素构成的数字图像，使用其众多的编修与绘图工具，可以有效地进行图片编辑工作。PS 有很多功能，在图像、图形、文字、视频、出版等各方面都有所涉及。

2003 年，Adobe Photoshop 8 被更名为 Adobe Photoshop CS。2013 年 7 月，Adobe 公司推出了最新版本的 Photoshop CC，自此，Photoshop CS6 作为 Photoshop CS 系列的最后一个版本被新的 CC 系列取代。

Photoshop 是目前图片处理功能最强大的软件之一，应用非常广泛。

2. 光影魔术手

光影魔术手是一款针对图像画质进行改善提升及效果处理的软件（见图 2-5），简单易用，不需要任何专业的图像处理技术就可以制作出专业胶片摄影的色彩效果。其批量处理功能非常强大，是摄影作品后期处理、图片快速美容、数码照片冲印整理时必备的图像处理软件，能够满足绝大部分人照片后期处理的需要。光影魔术手是图片处理工具中使用相对简单，功能又很强大的软件。

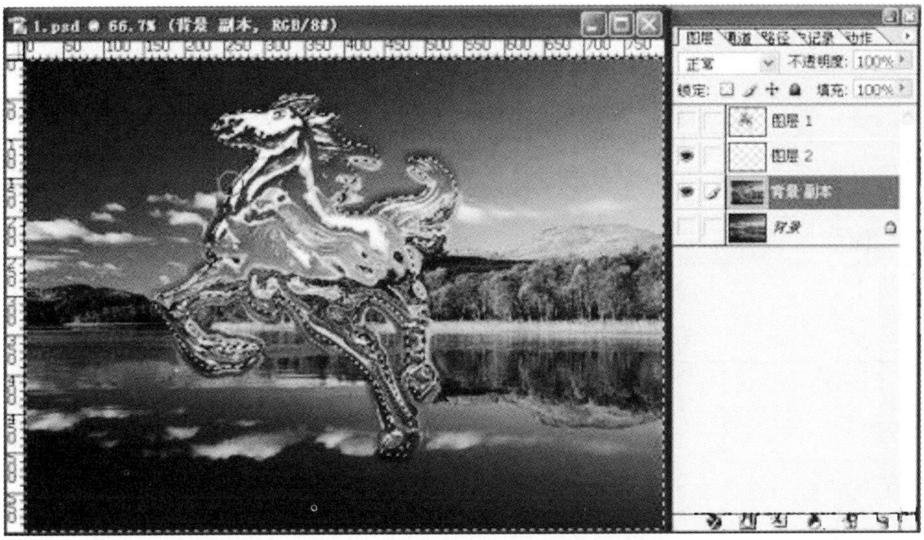

图 2-4 Adobe Photoshop 界面

图 2-5 光影魔术手界面

3. iSee

iSee 是一款功能全面的数字图像浏览处理工具,除了看图软件通用的功能以外,还有改变图片大小,转换图片格式,查看 dll、exe 中的图标文件 ico,生成图片说明,多画面浏览等功能。它不但具有和 ACDSee 媲美的强大功能,还为中国用户量身定做了大量图像娱乐应用,让你的图片“动”起来,留下更多更美好的记忆。

第二节　网络贸易常用网站简介

一、网络贸易中常用的各类查询网站

就涉及国际贸易实务中的各个环节，表 2-1 列出了国际贸易实务环节中需要用到的一些查询网站。

表 2-1　国际贸易实务环节中用到的查询网站

查询内容	查询网址
国内外海运价格查询	www. ufsoo. com
核销单查询	www. nbeport. com/nbedipub/search/waihui. asp
世界各地时间查询	www. china. org. cn/worldclock/worldclock. htm
国内国际航班查询	www. tianxun. cn
列车班次查询	www. 12306. cn
HS 法定检验检疫查询	www. ciqcid. com/ciqext/init-hs. action
全球地图定位查询	www. mapquest. com
全球天气查询	www. weather. com. cn/forecast
英文缩写查询	www. acronymfinder. com
邮箱地址真假认证	verify-email. org
国际电话区号/代码	www. 360doc. com/content/13/0415/16/89072_278433489. shtml
度量制式转换	www. chinadaily. com. cn/static/tools/exchange. html
报关单号查询	www2. hpedi. com. cn/edi_que/EntryIdQue. aspx
每日汇率挂牌	www. boc. cn/sourcedb/whpj
全球汇率换算器	themoneyconverter. com/CN/Default. aspx
科学计算器	www. 123cha. com/jsq
FOB 价格计算器	www. dragon-guide. net/hangye/fobCifjishuanqi. htm
精选的国际展会	www. showguide. cn
万年历查询	www. nongli. com/item3
数字译成英文	www. dragon-guide. net/hangye/xiaogongji. htm
日期差计算器	bjtime. cn/riqi. asp
人民币大写转换	link. fobshanghai. com/rmb. htm
制作条形码	www. makepic. com/barcode. php

特别推荐 www. dragon-guide. net，该网站提供了大量的外贸查询工具及相关知识，能给网络贸易提供很多便利。

二、图片处理工具

工具内容	查询网址
在线给产品图片添加水印	www. picmarkr. com
图片编辑网站	photofunia. com
快速在线图片特效处理	www190. lunapic. com/editor/
十秒钟处理图片	www. improveyourimages. com
在线图库	www. photobucket. com
图片处理网站	splashup. com，www. sumopaint. com

三、文本处理工具

工具内容	查询网址
超大附件免费发送	www. dropsend. com
微软的 25GB 网络硬盘	onedrive. live. com
在线解压压缩文件工具	www. wobzip. org

四、外语工具类

工具内容	查询网址
谷歌翻译	translate. google. cn
有道桌面词典	cidian. youdao. com
CNKI 翻译助手	dict. cnki. net
可读英语、日语、法语、西班牙语等多种语言	www. text-to-speech. imtranslator. net
英文语音网站	www. readthewords. com

思考与练习

项目一：网络贸易工具的使用

【活动目的】学会使用各种常见的网络贸易工具

【活动内容与要求】

1. 注册属于自己的国际邮箱
2. 注册属于自己的 Foxmail 专用邮箱
3. 学会 Word 文件与 PDF 文件的自由转换
4. 学会利用光影魔术手对照片进行简单处理，并添加水印
5. 学会不同计量单位的转换查询

【结果与检测】

1. 上交注册国际邮箱的注册信息
2. 对教师给定的文件进行转化
3. 制作简单的图片

项目二：注册属于自己的 MSN、Skype 等国际通信工具

【活动目的】学生学会注册和使用 MSN、Skype 等常用的即时通信工具。

【活动内容与要求】

1. MSN 的使用。登陆 cn. msn. com，下载 MSN 的最新版本，安装后按照要求进行注册，尝试该软件的各种功能；尝试添加国际客户，并和他进行初步的商务洽谈；

2. Skype 的使用。登陆 skype. tom. com，下载 Skype 的最新版本，安装后按照要求进行注册，尝试该软件的各种功能；尝试添加国际客户，并和他进行初步的商务洽谈。

【结果与检测】

1. 成功添加国际客户，并通过 MSN、Skype 与国际客户聊天，将聊天记录拷贝后上交并接受打分；

2. 课堂交流与讨论。

第三章　网络贸易结算工具

知识目标：

1. 网络贸易常见的支付类型
2. 不同国家的结算付款方式
3. PayPal 的使用
4. 其他结算工具的使用

能力目标：

1. 能完成国际支付账户的注册
2. 能使用 PayPal 账户在国际网络贸易平台上注册
3. 能使用支付宝国际账户进行收付操作
4. 能针对网络客户的需求使用合适的结算工具

第一节　网络贸易的结算工具

一、网络贸易结算的含义

网络贸易按照支付方式可以分为线上支付和线下支付两种，按照支付的区域，可以分为境内支付和跨境支付两种。按照目前跨境贸易的发展趋势看，结算方式也在发生着飞速变化，网络支付和跨境支付已经成为网络贸易结算的核心。

二、国外常用的支付类型

（一）Credit Card

信用卡，又叫贷记卡，是一种非现金交易付款的方式，是简单的信贷服务。信用卡一般是长 85.60 毫米、宽 53.98 毫米、厚 1 毫米的具有消费信用的特制载体塑料卡片，是银行向个人和单位发行的，凭此向特约单位购物、消费和向银行存取现金的卡片，其形式是正面印有发卡银行名称、有效期、号码、持卡人姓名等内容，背面有磁条、签名条（见图 3-1）。信用卡由银行或信用卡公司依照用户的信用度与财力发给持卡人，持卡人持信用卡消费时无须支付现金，待账单日（Billing Date）时再进行还款。信用卡分为贷记卡和准贷记卡，贷记卡是指银行发行的并给予持卡人一定信用额度，持卡人可在信用额度内先消费后还款的信用卡；准贷记卡是指银行发行的，持卡人按要求交存一定金额的备用金，当备用金账户余额不足支付时，可在规定的信用额度内透支的信用卡。通常所说的信用卡，一般单指贷记卡。

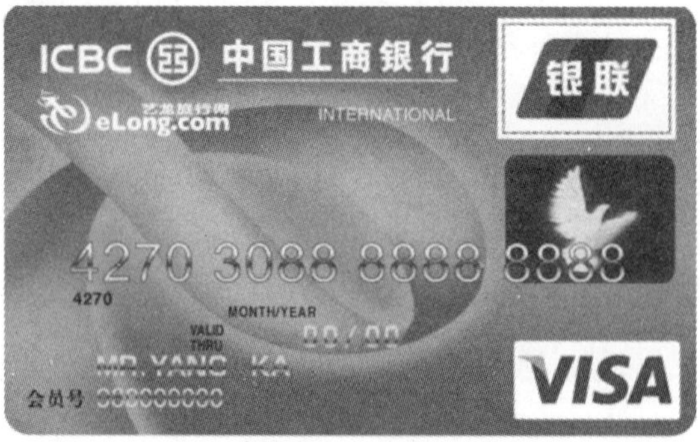

图 3-1 工商银行信用卡的基本样式

(二)Bank Transfer(GC 银行转账或 HSBC 银行转账)

Transfer 一般是指转账的意思,汇款传统上是 Remittance 或者 Wire the money。但现在汇款越来越多地采用从一家银行的电子账户直接划转到另一家银行的账户,不用拿现金去银行或去邮局填汇款单,这样的汇款也属于 Bank Transfer,就是电子转账,5～6 个工作日收款并确认订单。

(三)Western Union

西联汇款是西联国际汇款公司(Western Union)的简称,是世界上领先的特快汇款公司(见图 3-2),迄今已有 150 年的历史,它拥有全球最大最先进的电子汇兑金融网络,代理网点遍布全球近 200 个国家和地区。西联公司是美国财富五百强之一的第一数据公司(FDC)的子公司。中国农业银行、中国光大银行、中国邮政储蓄银行、中国建设银行、上海浦东发展银行等多家银行都是西联汇款在中国的合作伙伴,西联汇款可于 2～3 个工作日收款并确认订单。

图 3-2 西联汇款的海报

(四)Money Gram

速汇金业务(Money Gram)是一种个人间的环球快速汇款业务(见图 3-3),可在十余分钟内完成由汇款人到收款人的汇款过程，具有快捷、便利的特点。速汇金是与西联汇款相似的一家汇款机构。速汇金在国内的合作伙伴是中国银行、中国工商银行、中国交通银行和中信银行。我国是外汇管制国家，国外公司给国内公司汇款需要有汇款的理由，不能随便汇款，速汇金是只针对个人的。通过速汇金系统办理汇出款业务目前仅限于美元。

图 3-3　速汇金的标志

三、各国常用的网络贸易付款方式

（一）北美（泛指美国和加拿大）

北美地区是全球最发达的网上购物市场，北美地区的消费者习惯并熟悉各种先进的电子支付方式。网上支付、电话支付、电子支付、邮件支付等各种支付方式对美国的消费者来说都不陌生。在美国，信用卡是在线使用的常用支付方式。一般的美国第三方支付服务公司可以支持处理 158 种货币的威士（Visa）和万事达（Master Card）信用卡，支持 79 种货币的美国运通（American Express）卡，支持 16 种货币的大来（Diners）卡。同时 PayPal 也是美国人熟悉的电子支付方式。在美国做生意的中国商家，必须熟悉这些电子支付方式，要习惯并善于利用各种各样的电子支付工具。

（二）欧洲

欧洲人除了习惯使用威士和万事达等国际信用卡作为支付方式以外，还很喜欢使用一些当地卡，如 Maestro（英国）、Solo（英国）、Laser（爱尔兰）、Carte Bleue（法国）、Dankort（丹麦）、4B（西班牙）、CartaSi（意大利）等。另外要提醒的是欧洲人并不是那么喜欢采用 PayPal，他们熟悉的电子支付方式是 MoneyBookers。根据笔者的经验，欧洲和中国商户联系比较多的国家包括英国、法国、德国、西班牙。相比较而言，英国的网上购物市场比较发达，而且类似于美国，如 PayPal 在英国的使用也很普遍。总体而言，欧洲国家的消费者诚信度较好，但是西班牙的网上零售可能具有比较大的风险。

（三）澳大利亚、新加坡、南非和南美

对与澳大利亚、新加坡和南非等地区的商人做贸易的商户来说，最习惯的电子支付方式是威士和万事达信用卡，他们也习惯于用 PayPal 电子账户支付款项。澳大利亚和南非的网上支付习惯类似于美国，使用信用卡居多，PayPal 也很普遍。在新加坡，银行界的巨头——华侨银行、大华银行和星展银行的互联网银行服务发展迅猛，直接用信用卡和借记卡的网上支付很方便。巴西也有不少的网上购物市场，可是他们对于在网上购物比较谨慎，今后或许会是一个非常有前景的一个市场。

（四）日本

日本本地的网上支付方式以信用卡付款和手机付款为主，日本人自己的信用卡品牌为 JCB，支持 20 种货币的 JCB 卡常用于网上支付。除此以外，日本人一般都会有一张威士和万事达信用卡。同其他国家相比，日本与中国的网上零售贸易没有那么发达，但日

本人在中国的线下消费还是非常活跃的，尤其是日本的游客，使用购物网站可以与之建立长久的联系。目前，支付宝和日本软银电子支付(Softbank Payment Service Corp.)已签订战略合作协议，面向日本企业提供支付宝的跨境在线支付服务。估计随着支付宝进入日本市场，不久以后国内习惯支付宝的用户也可以使用支付宝直接收取日元。

在日本使用手机上网的人群数量已经超过使用个人电脑的人群数量，他们也很习惯使用手机进行网上购物。他们的手机可以用来做机场登机验证、大厦门禁钥匙、交通一卡通、信用卡、支付卡等。在这些应用背后提供核心技术和软件方案的是索尼的子公司 FeliCa 公司。支付手机内置 FeliCa 支付芯片，芯片中植入用户身份信息和支付数据，这些芯片由索尼联合 Renesas(瑞萨)和 Toshiba(东芝)提供。另外，由索尼手机运营商 NTT Docomo、交通运营商 JR East 组成的联盟推进着手机支付生态系统的发展。运营商、商店、信用卡发行商及手机制造商达成协议，由 FeliCa 负责具体实施。现在，在日本几个最大的城市里，有大约 110 万人使用 Suica 手机购票或购买自动柜员机的商品。

(五)中国

在国内，最主流的支付平台是以支付宝为首的非独立的第三方支付，这些支付采用充值的模式进行付款，他们都集成了大部分银行的网上银行功能。所以在中国国内无论是信用卡还是借记卡，只要开通了网上银行功能，都可以用来进行网上购物。在中国，信用卡的使用还没有很普及，大部分人还是使用借记卡来进行支付。信用卡在中国的发展非常迅速，估计在不久的将来，信用卡就会普及开来。在年轻的白领群体中，使用信用卡已经成了一个非常普遍的现象。

在中国的香港、澳门和台湾地区，人们最习惯的电子支付方式是威士和万事达信用卡，人们也习惯于用 PayPal 电子账户支付款项。据中国台湾媒体 Digi Times 报道，中国台湾知名电子商务提供商、网络交易平台 eDynamics(网劲科技)2008 年 11 月 27 日宣布正式展开与中国内地最大的电子支付平台——阿里巴巴集团子公司支付宝的合作。据 eDynamics 总裁 Jinny Yiu 介绍，今后中国内地支付宝用户可以在中国台湾的购物网站 eDynamics 上进行购物，并通过支付宝解决支付问题。

案例 3-1　　**第三方支付纷纷转向跨境支付**

自 2014 年第三方支付跨境结算“开闸”以来，至今已有 17 家企业取得试点资格，其中汇付天下等 11 家机构获得了货物贸易、留学教育、航空机票及酒店住宿等“全业务”试点牌照。

实际上，支付宝、财付通、快钱等第三方支付机构数年前就开始与银行合作尝试跨境支付业务。易观国际分析师李子川认为，第三方支付企业以前通过迂回路线开展跨境支付业务，是国内支付市场竞争白热化的必然结果，但由于受之前金融基础设施不完备等问题的影响，其规模的进一步扩大受到限制。而此次跨境支付试点牌照的发放具有破冰意义。

在跨境支付中，支付是按照国际标准流程进行的，第三方支付既可以做收单也可以做清算，只需要借助一家银行，就可以完成跨境支付。之前有些第三方支付公司曾有所谓的境外支付尝试，很大程度上是作为代理的角色向银行输送客户。而现在，第三方支付企业是结售汇的真正主体。

另有分析人士认为，相比于千分之几的人民币支付业务利润，以外汇结算的跨境支付业务利润率可能达到2%～3%，因而将会有越来越多的第三方支付企业涉足跨境支付。

跨境贸易电子商务已成为我国对外贸易新的增长点，随着上海自贸区的建设、跨境支付业务试点的启动等，预期今后从事海外进口业务的跨境电商网站将迎来发展高峰。

问题：跨境支付的便捷会给我们的生活带来什么变化？

第二节　PayPal的使用

一、PayPal简介

PayPal是现在网络上流行的在线支付工具，目前对包括中国在内的近40个国家开放。PayPal支付已成为网上支付的一个主要方式，有些十分优秀的公司甚至坚持要求使用PayPal支付。

二、PayPal的分类

注册PayPal账户非常容易，界面是全中文的。特别要注意PayPal和贝宝的区别，PayPal和贝宝虽然属同一家公司，但PayPal主要面向全球，贝宝是面向中国的。注册完成后，你的账户处于未认证状态，未认证账户有付款和提款限额(500美元/月)。从2008年8月1日起，中国用户不需要国际银行卡就可以申请认证了，只要你有本地银行卡(工行、建行、招行)，就可以通过认证。

PayPal是美国eBay公司的全资子公司，对包括中国在内的190个国家和地区开放，PayPal支付将成为今后网上支付的一个主要方式。

(一)准备工作

在注册PayPal账户之前，请先注册好一个国际邮箱，Yahoo、Hotmail都可以，国内邮箱可能收不到激活邮件。

当你在某个在线交易平台进行交易时，如选择PayPal作为付款方式，输入的账号就是你注册PayPal时使用的邮箱地址。

一个用户可以拥有两个PayPal账户(相同的个人信息，不同的邮箱地址)：一个个人账户和一个高级账户，切勿注册两个或以上同类型账户。

PayPal除了可以用信用卡认证之外，还可以通过国内的银行卡认证(工行、建行、招行)，非常方便。

现在在国内打开PayPal网站是中文显示的，新手注册PayPal账户更简单了。没有认证的账户照样可以收钱、发款(每个账户发款总额不能超过500美元，但对于新手已经足够了。每月从账户取钱不能超过500美元，取钱的总额不能超过3000美元。所以，你的业务做大了，认证PayPal账户是势在必行的，认证后的PayPal账户每月的取款额不能超过2500美元，但取款总额没有限制)。关于怎样提取PayPal里的钱，国内有很多做PayPal兑换的人，可以找有信誉的人把 PayPal 账户里的钱兑换成人民币，转到支付宝或银行账号上即可。

（二）PayPal 的分类

PayPal 有三种账户类型，分别是个人账户、高级账户和企业账户（公司账户）。

1. 个人账户：收发款全免费，但不能使用 eBay 拍卖物品，不能任意接收信用卡付款，不能使用网站收款，不能使用购物车收款，不能使用 Email 签名收款，不能接受捐赠。

2. 高级账户：个人商业使用，可以使用 eBay 拍卖物品，可以接收信用卡付款，可以使用网站收款，可以使用购物车收款，可以使用 Email 签名收款，可以接受捐赠，可以快速批量同时向多人付款。发款免费，收款收少许手续费，手续费约 2%＋$0.3。

3. 企业账户（公司账户）：以企业、公司、商户的名义注册，需提供企业、公司、商户的名号等信息，其他同高级账户。

三、PayPal 的使用

（一）申请 PayPal 账户

进入注册页面，点网站上方的“注册”，进入后参考图 3-4 所示进行注册。

国家或地区选择“中国（China）”，语言选择“中文（简体）”，最后点击个人账户下的“立即开始”。这里说明一下，新手一定要选择个人账户，因为选择高级账户是要手续费的。

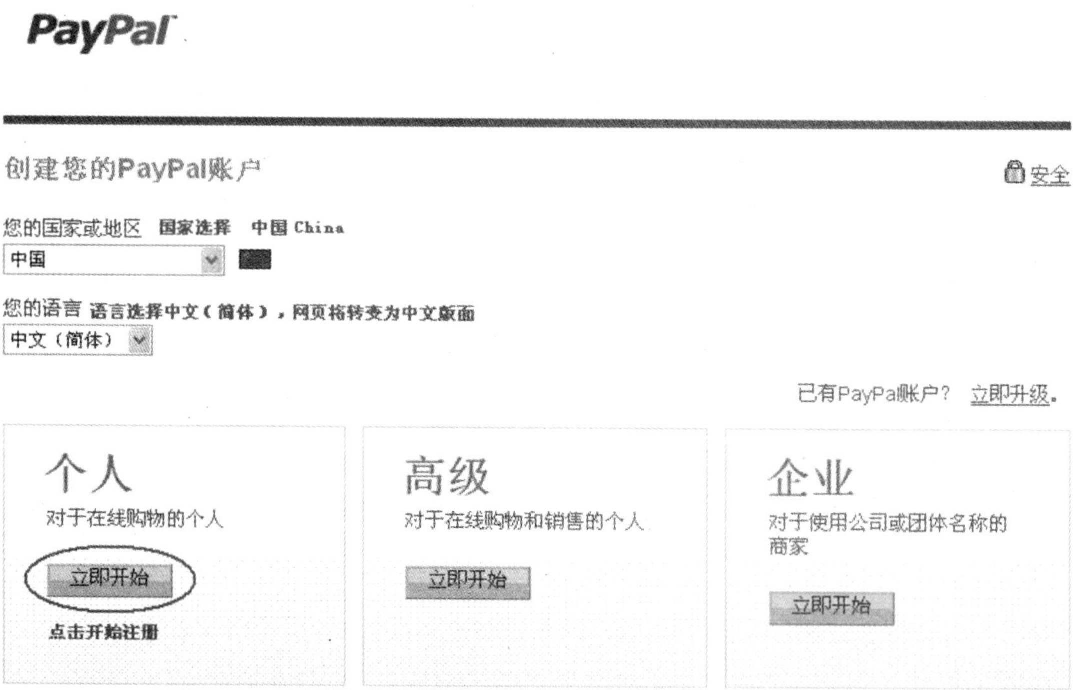

图 3-4　PayPal 注册界面

PayPal 已经支持用中文汉字填写注册（见图 3-5 与图 3-6），需要注意的是，所有信息应该和你的身份证等实际信息完全一致，以便今后可以激活自己的 PayPal 账户。

邮箱最好使用 Hotmail 等国外邮箱，不要使用 163、126 等国内邮箱。

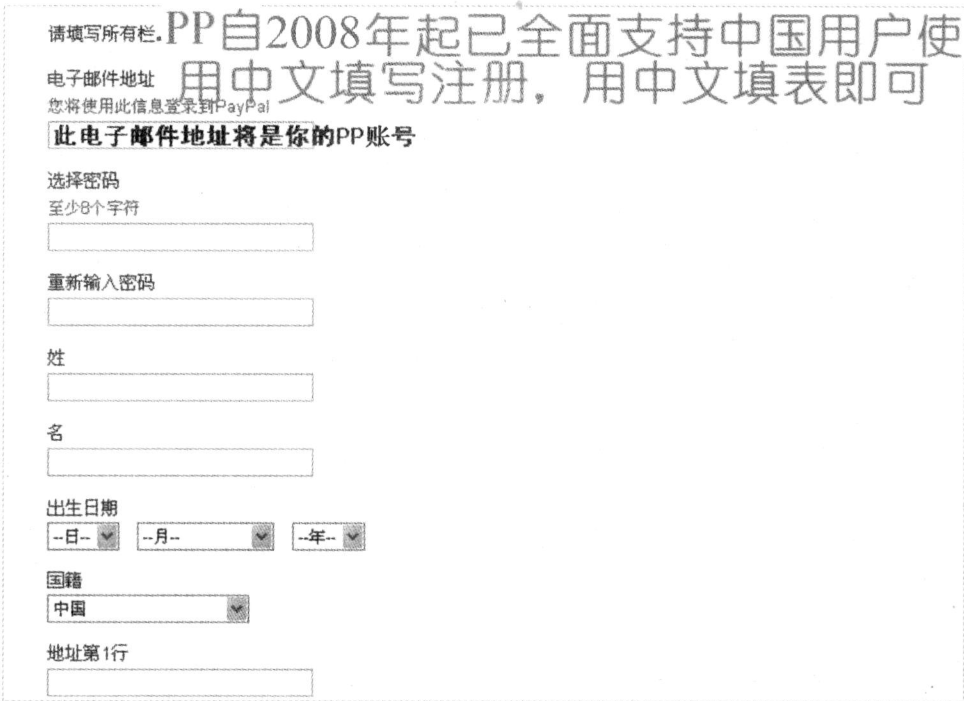

图 3-5　PayPal 注册界面 1

图 3-6　PayPal 注册界面 2

点击按钮提交后，直接去邮箱收取激活邮件，点击邮件中的激活链接打开进入如下页面设置安全问题及答案(见图 3-7)。

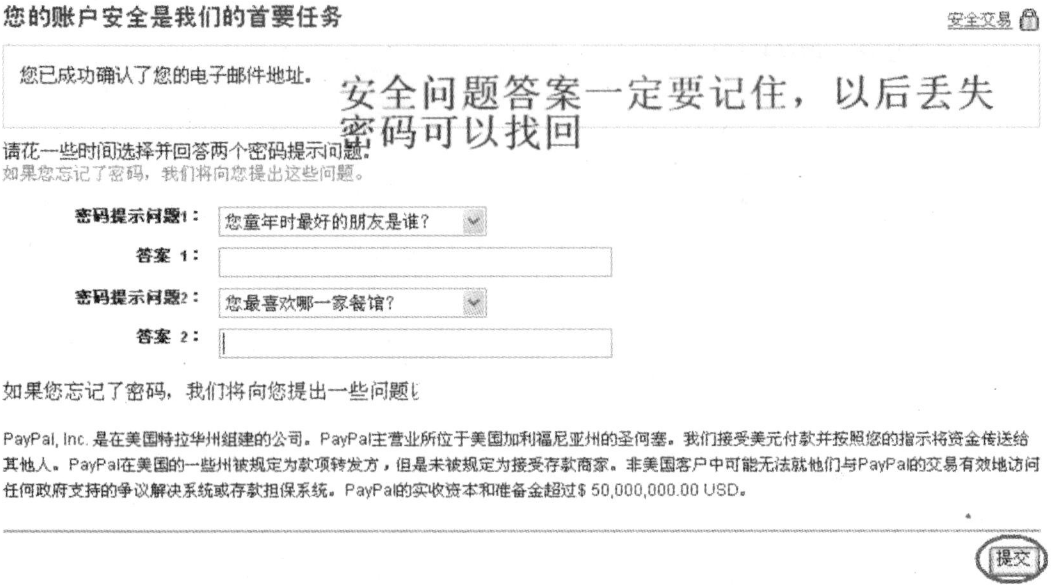

图 3-7　PayPal 注册界面 3

设置好安全问答后点击“提交”即进入账户，至此 PayPal 注册成功(见图 3-8)。新手注册到这里就可以了，没有认证的账户也能收款和发款。

图 3-8　PayPal 注册界面 4

(二)国内银行卡认证 PayPal 的方法

国内银行卡认证 PayPal 的方法如图 3-9 至图 3-20 所示。在认证时需注意以下几点：

1. 使用银行卡认证 PayPal 时，拼音姓名账户是不用修改的，可以直接在第 4 步中填写中文姓名(见图 3-13)。

2. 如果您的 PayPal 账户是中文名称，什么也不用修改，添加银行卡时写的名称与您 PayPal 用户名相同即可。

3. 无论您添加的名称是中文还是拼音，您的名字在添加银行账户时都是会被系统自动记录成拼音形式的。

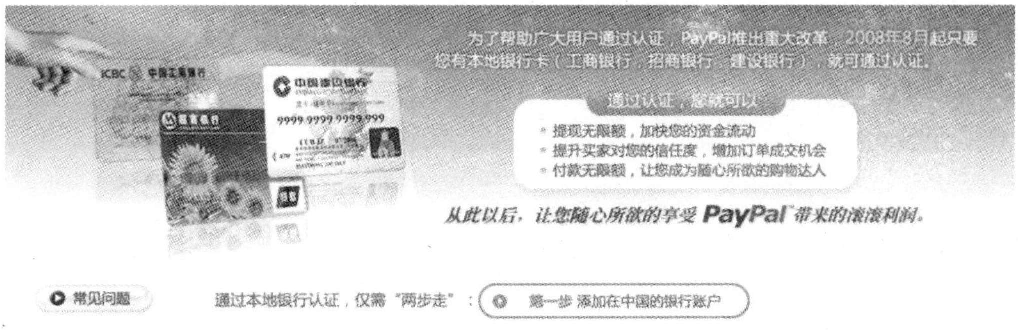

图 3-9　银行卡认证

图 3-10　银行卡认证界面 1

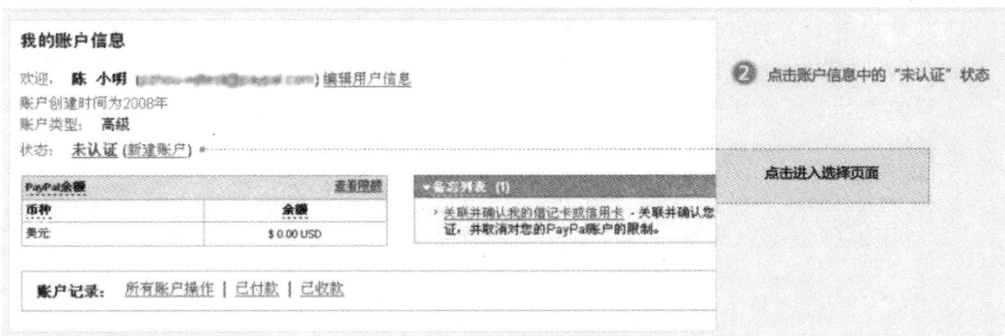

图 3-11　银行卡认证界面 2

图 3-12　银行卡认证界面 3

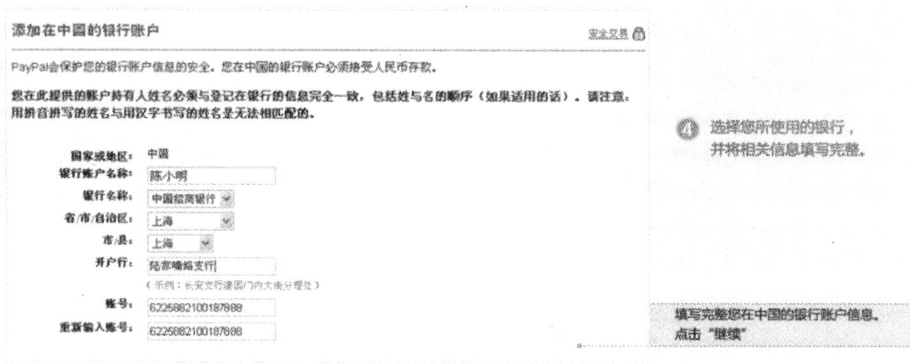

图 3-13　银行卡认证界面 4

图 3-14　银行卡认证界面 5

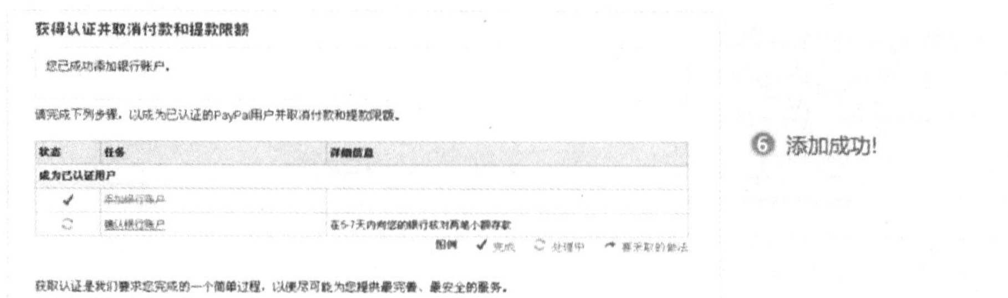

图 3-15　银行卡认证界面 6

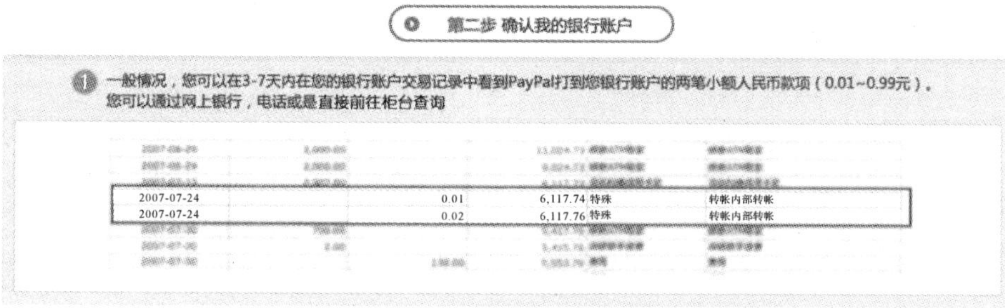

图 3-16　银行卡认证界面 7

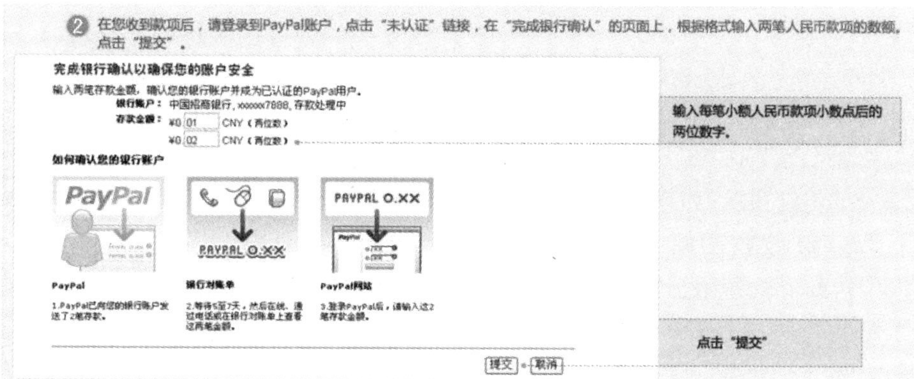

图 3-17　银行卡认证界面 8

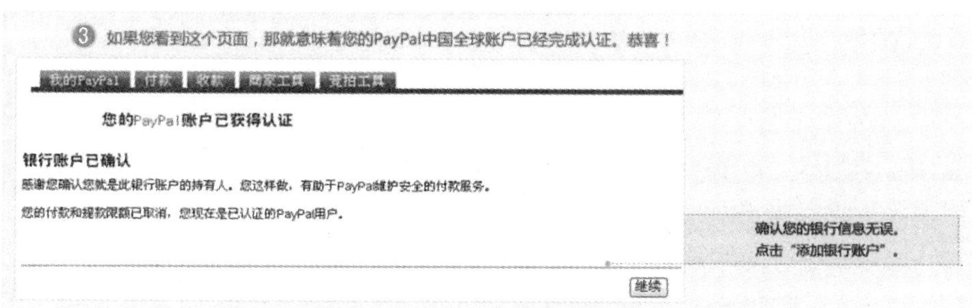

图 3-18　银行卡认证界面 9

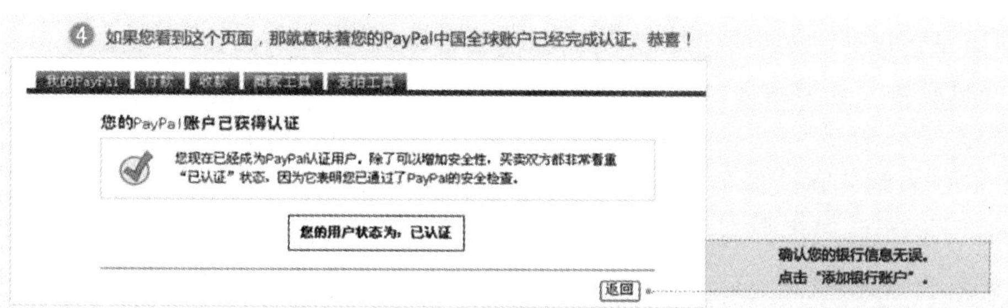

图 3-19　银行卡认证界面 10

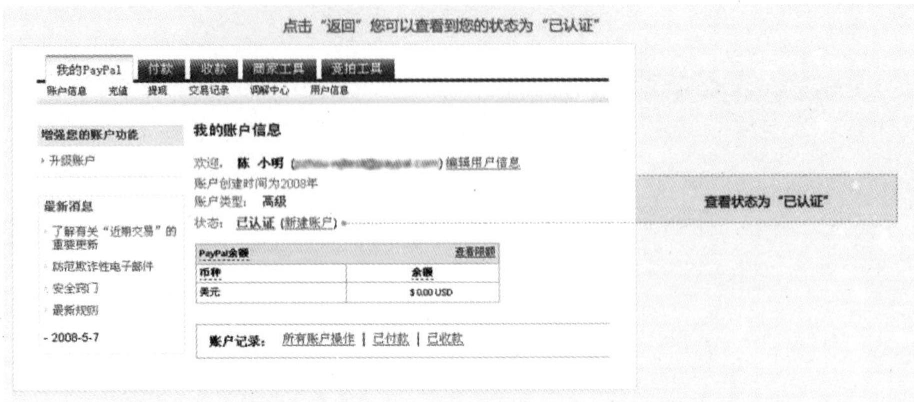

图 3-20　银行卡认证界面 11

四、PayPal 收款、付款详解

申请 PayPal 成功后，如何收款和付款呢？

(一) PayPal 收款图解

当 PayPal 账户收到第一笔款时，如图 3-21 所示。

图 3-21　PayPal 收款界面

收到第一笔款后，"余额"显示为零，说明未记到你的 PayPal 账户上，必须先点操作栏中的"接受"按钮，进入如下页面(见图 3-22)，点击"接受付款"按钮后，提示你收款完成(见图 3-23)。

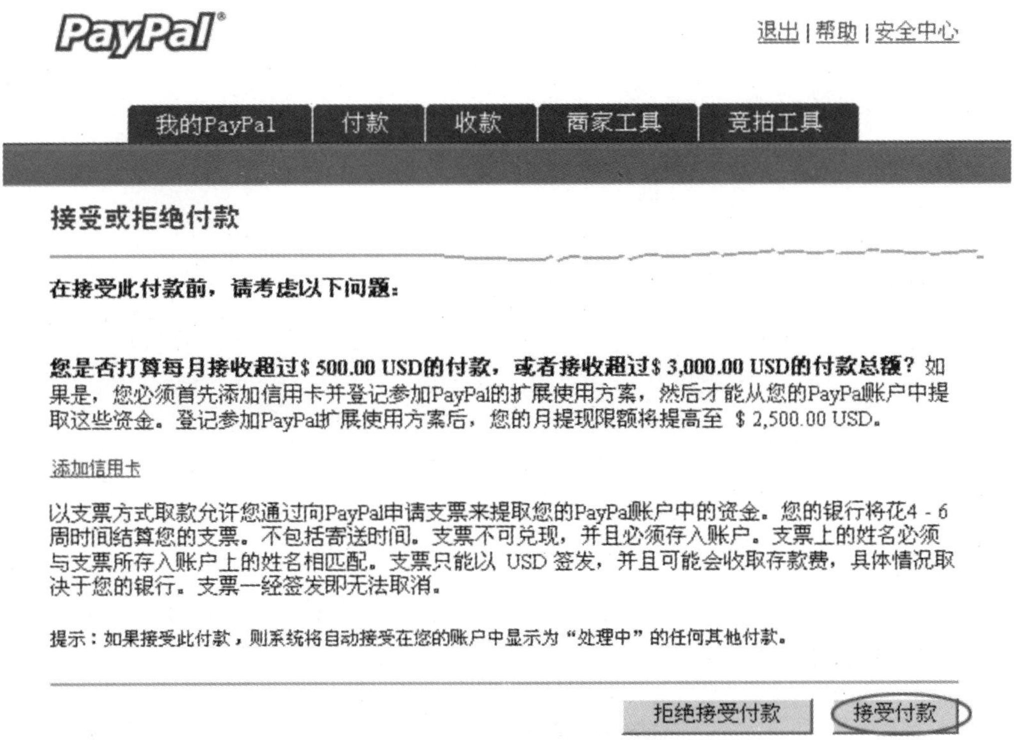

图 3-22　PayPal 接受收款界面

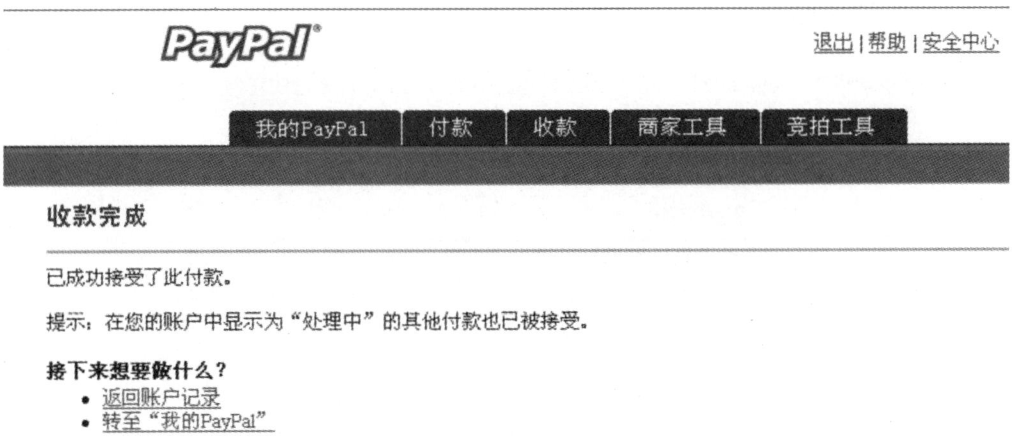

图 3-23　PayPal 成功收款界面 1

点“我的 PayPal”后，可以看到余额已经记上了收到的第一笔款的数目了(见图 3-24)，这时才算真正收到钱，以后的收款就会自动直接累加到账户上。

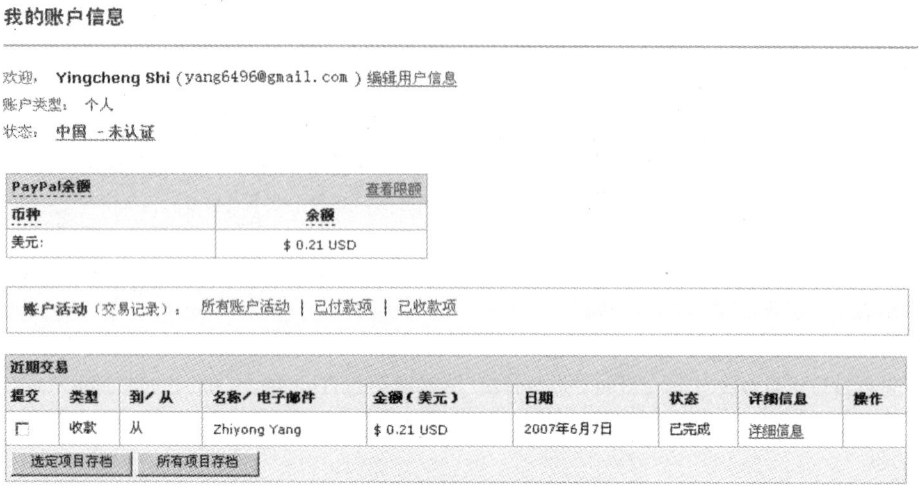

图 3-24　PayPal 成功收款界面 2

(二)PayPal 付款图解

当你要给对方付款时，填写对方的账号等相关信息后，点击“继续”按钮(见图 3-25)。进入“查看付款”界面后，核对信息并点击“付款按钮”(见图 3-26)。

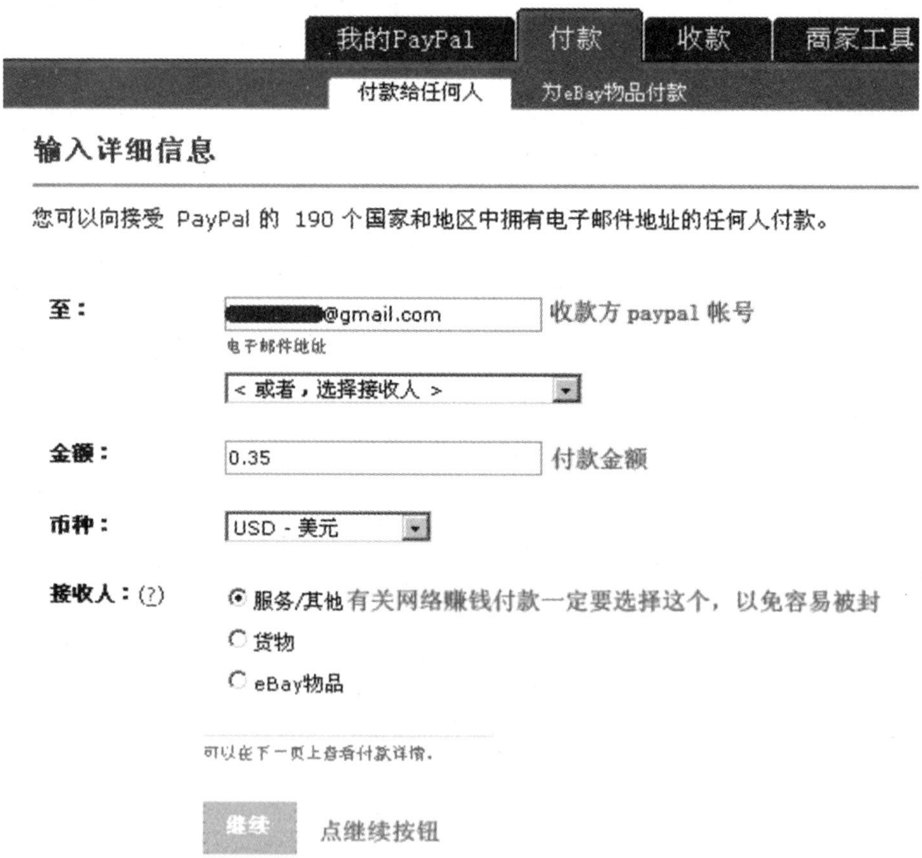

图 3-25　PayPal 付款界面 1

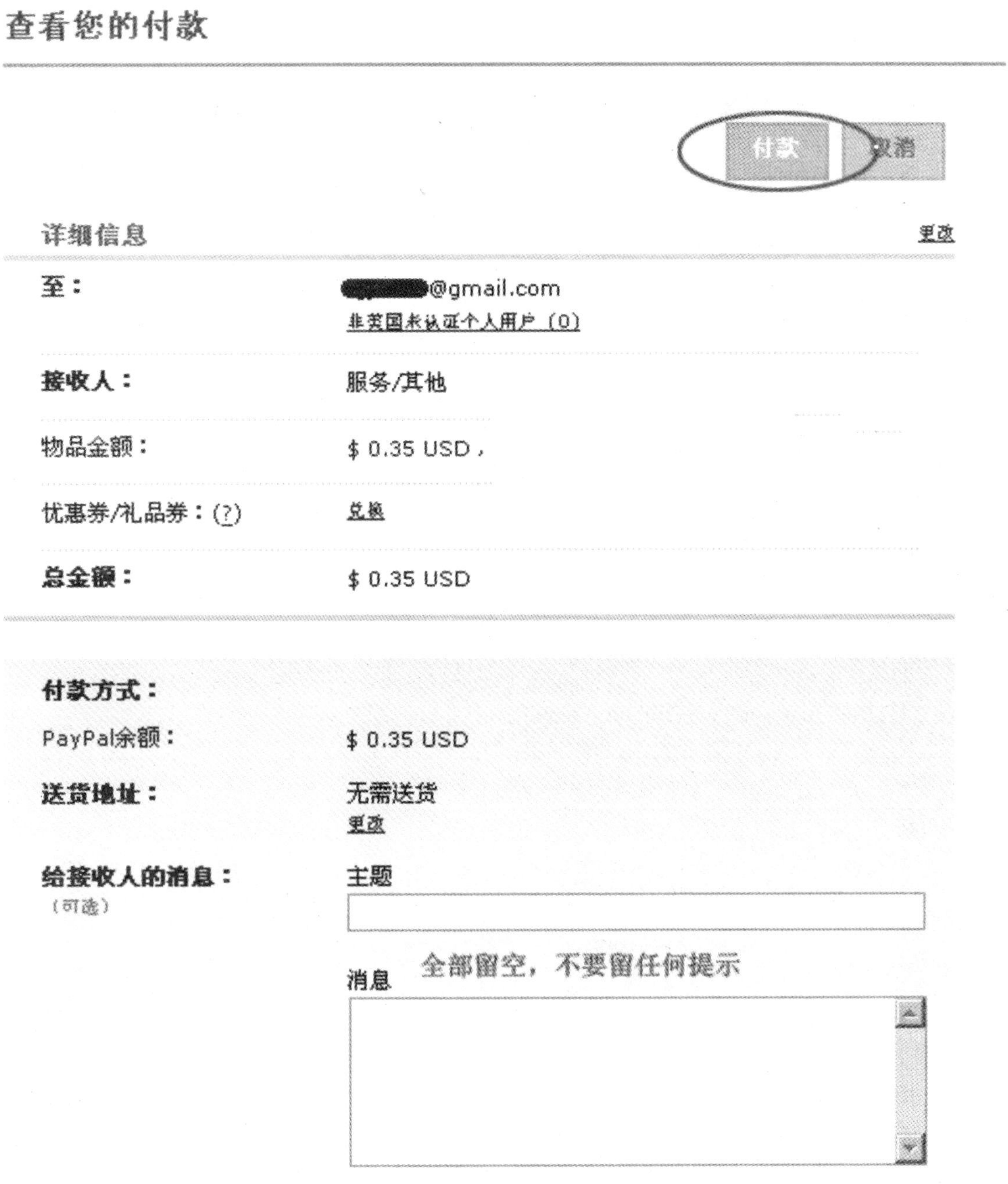

图 3-26　PayPal 付款界面 2

需要注意的是，给接收人的消息全部留空，不要留任何提示，以免 PayPal 公司要你提供解释和凭证。点击“付款”按钮后，付款便成功了（见图 3-27）。

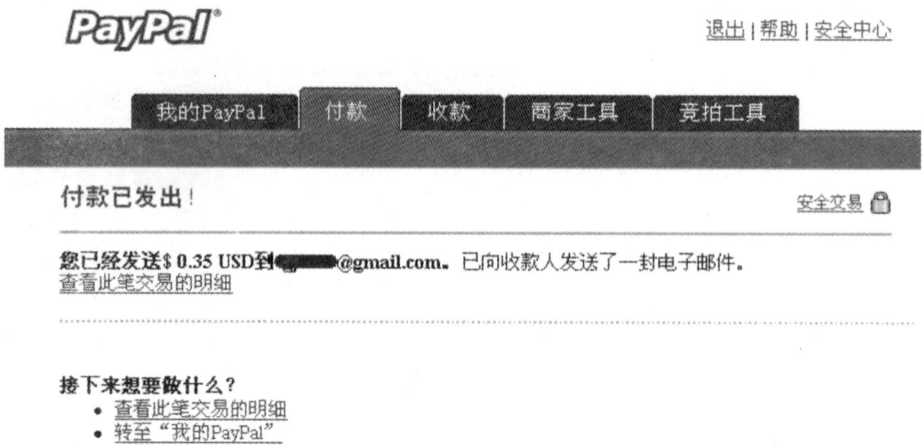

图 3-27　PayPal 成功付款界面 3

案例 3-2　**外商需要 PayPal 的真实案例**

该邮件是客商要求提供样品并需要寄送的邮件，客商提出小额的美元支付可以使用 PayPal，可以很好地降低电汇的费用。

Dear Tony,

Hello and thank you for your email.

USD 7.5/pc for sample is OK with us.

We would like you to produce 5 samples for us.

Please send us your bank information so we can pay you USD 37.5 for the samples.

Do you have a PayPal account? PayPal would be very easy for us.

We will send you the 300 DPI artwork files when you are ready.

Thank you and we look forward to your reply.

Best Regards,

Demian Repucci

第三节　支付宝国际账户的使用

支付宝国际账户(Alipay Account)是支付宝为从事跨境交易的国内卖家建立的资金账户管理平台，包括交易的收款、退款、提现等主要功能。支付宝国际账户是多币种账户，包含美元账户和人民币账户。目前只有 AliExpress(速卖通)与阿里巴巴国际站会员才能使用。Alipay 系统上线后，提现功能较之前有了一些改善，用户提现不再限制在 100 笔交易金额之内，而可根据自身需要对账户中“可提现金额”做全部或者部分提现，大大降低了用户的提现成本。

一、激活 Alipay 会员身份

1. 访问 Alipay 系统。用户通过登录“我的速卖通”—“交易”—“支付宝国际账户”或“My Alibaba”中的“资金账户管理”功能访问 Alipay 系统。

2. 设置支付密码，激活 Alipay 会员身份。如果是初次访问 Alipay 系统，用户需要激活 Alipay 会员身份(见图 3-28)。

图 3-28　激活 Alipay 会员的界面

3. 点击“现在激活”按钮，系统显示创建支付密码页面，用户需要输入支付密码(见图 3-29)。为了使账户更加安全，防止密码被盗，我们建议用户不要设置相同的支付密码和登录密码。

图 3-29　激活 Alipay 会员后设置密码的界面

4. 用户输入支付密码后，点击“确认”按钮，系统会检验用户是否之前在 Alibaba 网站绑定过手机号码。如果已经绑定过，则此时需要进行手机验证。系统会发送验证码到用户绑定的手机，用户输入正确的验证码后确认提交，即可成功激活 Alipay 会员身份(见图 3-30)。注意手机验证码的有效期是 30 分钟。

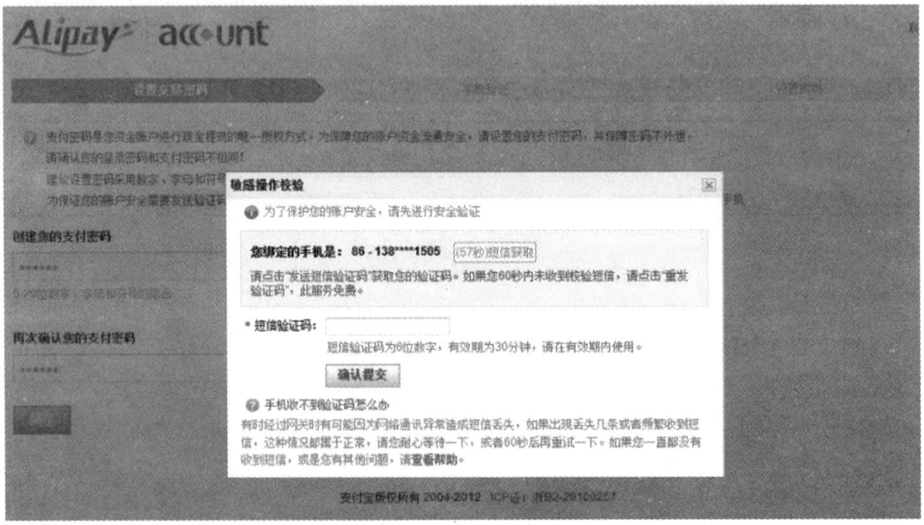

图 3-30　激活 Alipay 会员手机验证界面

5. 如果用户之前没有在 Alibaba 网站上绑定过手机，则系统会引导用户到 Alibaba 网站进行手机绑定操作，绑定完成后再进行手机验证。

二、如何修改支付密码

用户可以到“我要提现”—“支付密码管理”中修改支付密码(见图 3-31)。

图 3-31　修改支付密码界面

三、如何设置银行账户

(一)设置银行账户

用户可以从“我的账户”页面中,人民币或美金账户信息中的“设置银行账号”入口到达设置银行账户功能页面,或者到“我要提现”—“提现银行账户设置”功能中进行银行账户的设置(见图 3-32)。

图 3-32　“提现银行账户设置”的功能界面

(二)添加美元或人民币账户提现银行账号

用户可以设置三个美元账户提现银行账号,美元账户提现银行账号需要区分是个人账户还是公司账户。

1. 公司账户

①所有信息请不要使用中文填写,否则将导致放款失败,从而产生重复的放款手续费;

②设置的公司账户必须是美元账户或是能接收美元的外币账户;

③在中国大陆地区开设的公司账户必须有进出口权才能接收美元并结汇;

④使用公司账户收款的订单,必须办理正式报关手续,才能顺利结汇。

2. 个人账户

①除开户名(中文)外的其他信息请不要使用中文填写,否则将导致放款失败,从而产生重复的放款手续费;

②客户创建的个人账户必须能接收海外银行并且是公司对个人的美元打款,开设个人的美元账户的具体信息请咨询相关银行;

③收汇没有限制,个人账户年提款总额可以超过 5 万美元;

④注意结汇需符合外汇管理条例,每个账户 5 万美元的结汇限额。

选择账户后,依次填写“账户姓名(中文)”“账户姓名(英文/拼音)”“银行选择”“开户银行名称(英文)”“Swift Code”“银行卡号”等必填项。填写完毕后,点击“保存”按钮(见图3-33)。

图 3-33 设置个人账户的功能界面

账户可以支持一个人民币账户提现银行账号，人民币账户提现银行账号目前仅支持国内支付宝账号。支付宝账号必须通过实名认证（见图 3-34）。

图 3-34　支付宝认证界面

四、如何提现

1. 查看“我的账户”信息，可以查看可提现的人民币金额和美元金额，以及冻结的人民币金额和美元金额（见图 3-35）。

图 3-35　支付宝国际账户认证界面

2. 点击人民币或美元对应的“我要提现”按钮，如图 3-36 与图 3-37 所示。

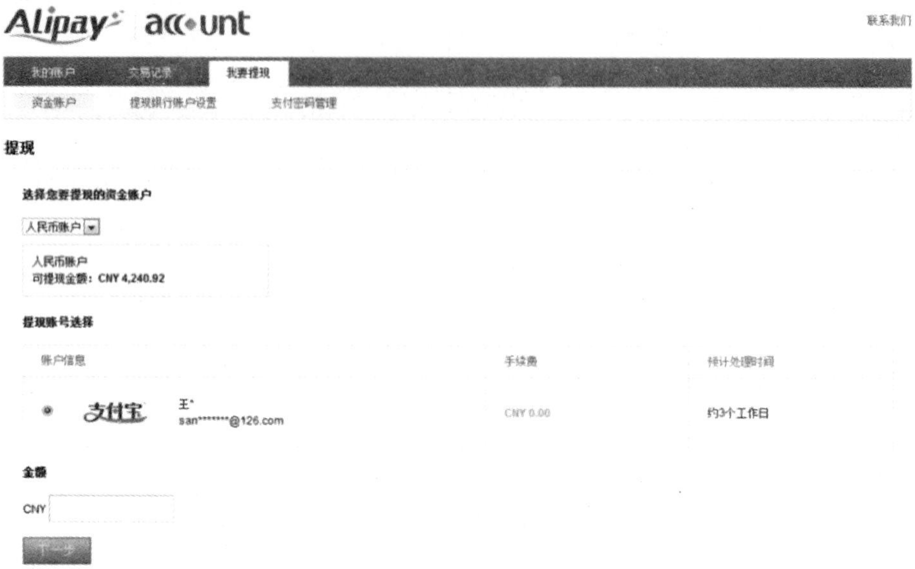

图 3-36　提现界面 1

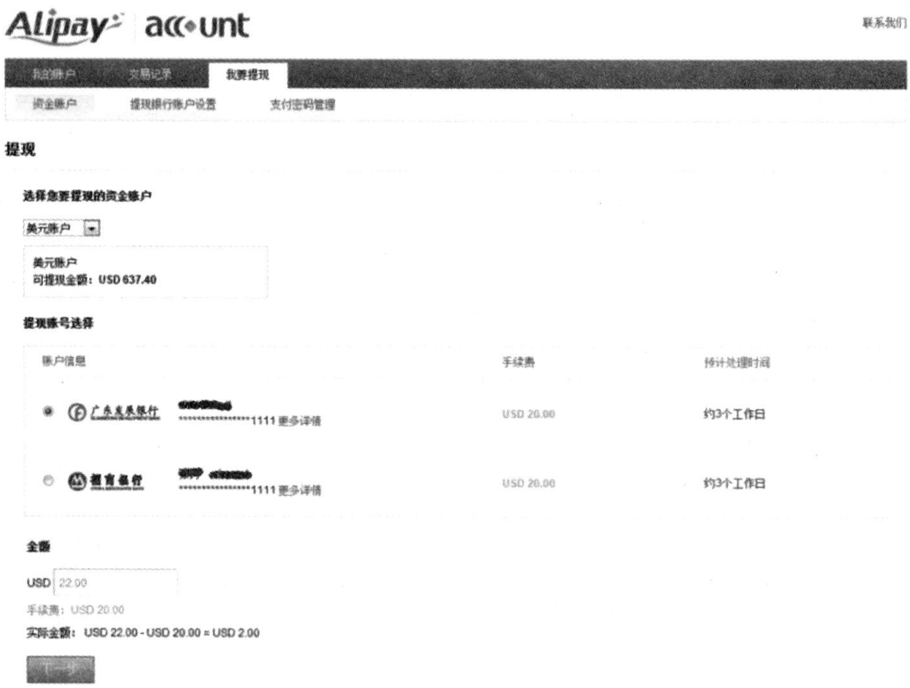

图 3-37　提现界面 2

3. 输入您要提现的金额，点击“下一步”按钮，到达提现信息确认页面（见图 3-38）。需要注意的是，由于每一次美元账户提现都要扣除银行收取的 20 美元的手续费，所以美元提现金额必须大于 20 美元。另外，花旗银行要求到账金额必须大于 1 美元，因此其美元提现金额必须大于 21 美元。人民币账户提现不收取手续费。

图 3-38　提现界面 3

图 3-39　提现界面 4

4. 确认提现信息后，输入支付密码，点击“确认”按钮（见图 3-39），如果支付密码正确，系统进行手机验证。系统会发送验证码到用户绑定的手机，用户输入正确的验证码后确认提交（见图 3-40），即可提现成功（见图 3-41）。注意手机验证码的有效期是 30 分钟。

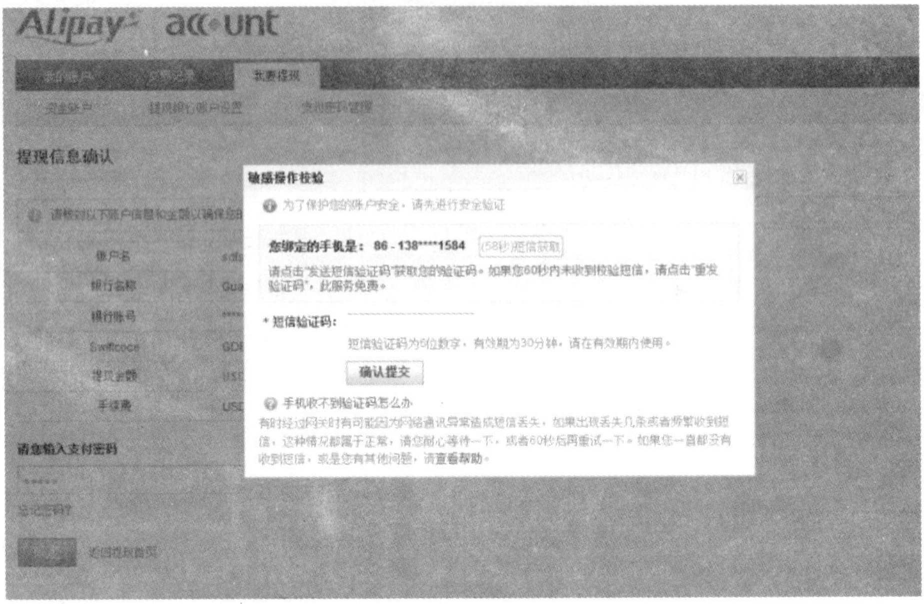

图 3-40　提现验证界面

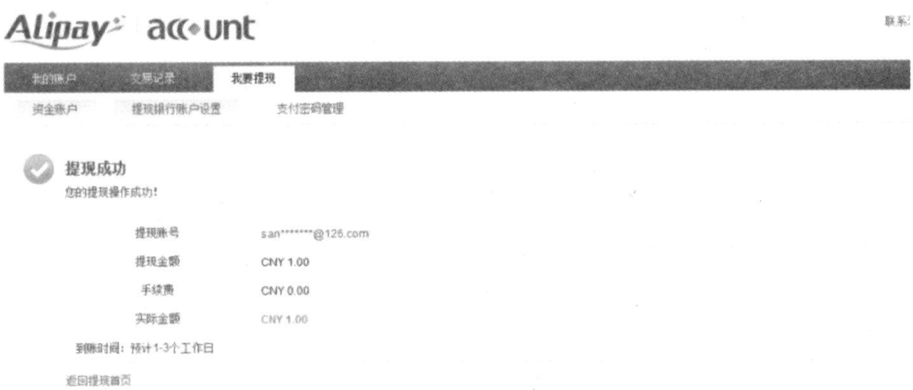

图 3-41　提现成功界面

思考与练习

项目一：网络贸易结算工具的分析与比较

【活动目的】学生针对国内外目前通用的支付结算工具进行比较分析。

【活动内容与要求】

1. 教师介绍常见的国内外结算工具与方式；
2. 学生进行分析和比较，并完成相关的分析表。

【结果与检测】

1. 分析表应内容完整，信息量大；

2. 完成后，组织一次课堂交流与讨论。

项目二：注册属于自己的PayPal账户

【活动目的】学生学会注册和使用PayPal结算工具。

【活动内容与要求】

1. 登录www.paypal.com，注册属于自己的PayPal账户；

2. 注意PayPal账户和贝宝的区别；

3. 了解该账户使用的网络平台。

【结果与检测】

成功完成PayPal账户的注册。

第四章　海淘简介与初体验

知识目标：

1. 海淘的基本概念
2. 海淘的发展趋势
3. 海淘与跨境电子商务的关系
4. 海淘工具的使用

能力目标：

1. 能在 eBay 上进行海淘
2. 能说明海淘的基本流程
3. 熟练使用海淘的相关工具
4. 熟悉海淘安全结算的工具

第一节　海淘简介

一、什么是海淘

海淘，即海外/境外购物，就是通过互联网检索海外商品信息，并通过电子订购单发出购物请求，然后填上私人信用卡号码，由海外购物网站通过国际快递发货，或是由转运公司代收货物再转寄回国。海淘的一般付款方式是款到发货(在线信用卡付款、PayPal 账户付款)。

二、海淘的分类

1. 直发

是指网站接受中国的信用卡付款并支持直接邮寄到中国。这种方式的优点是简单方便，万一丢单、破损可以直接跟购物网站交涉补发。另外，欧洲淘的直发优势尤为明显，因为欧洲的商品都需要加收 17%增值税(即消费税)，如果选择直发海外，则不用付增值税。根据经验，对于一般物品，省下的增值税基本可以抵消国际运费；但如果选择转运的方式运到本国，所交的增值税不退，还要自己再付转运费。缺点是支持直发的海外购物网站很少，运费贵。

2. 转运

是指网站接受国内银行签发信用卡付款，但是不能直接邮寄到中国。这种情况需要找一个提供当地收货地址的转运商，商家负责将货品送到转运地点，转运商负责把商品运到中国消费者的手上。这种方法的优势是可选择的商品种类会多很多，毕竟只有少量国外购物网提供直发，虽然直发的邮递速度有保证且可跟踪，但能直发的网站费用往往很高；较之直发，转运比较便宜。劣势是需要使用一些变通手段避开消费税，周期长，若运输中出现问题（如丢货），则不好交涉。

三、海淘的基本流程

1. 注册海外购物网站；

2. 注册返利网站（大部分网站都有返利，买得越多返的利也越多，从 1%～10%不等）；

3. 注册转运公司，拿到自己的海外转运仓库地址（如果海外购物网站支持直运到中国，则不需要转运公司，可跳过此环节）；

4. 通过返利网站链接到海外购物网站上；

5. 挑选商品，加入购物车；

6. 全部挑选完毕，确认数量及金额，直接结账；

7. 输入转运公司提供的代收地址和收货人名（如果海外购物网站支持直运到中国，则可直接填写国内的收件地址和收件人信息）；

8. 输入信用卡账单地址、卡号、姓名和有效期限；

9. 购物成功；

10. 过几个小时后收到海外购物网站发送的扣款短信；

11. 海外购物网站发货；

12. 转运公司代收仓库收到包裹，支付转运费并提交转运回国内的发货指令（如果海外购物网站支持直运到中国，可跳过此环节）；

13. 转运公司发货，一般 5～7 天后到达（如果海外购物网站支持直运到中国，可跳过此环节）；

14. 快递送货上门。

四、海淘的主要网站

从海淘的发展来看，近几年海淘的增长速度惊人，甚至成为进口贸易的核心组成部分，直接改变了国际贸易的方式，这里介绍一些主要的海淘网站和服务网站。

(一)主要海淘网站

主要海淘网站有：Amazon（百货）、Iherb（保健品）、Vitacost（母婴）、Drugstore（保健/药品/母婴）、Diapers（母婴）、6PM（鞋履）、GNC（保健）、Timberland（户外）、第五大道（奢侈品）、Macy's（百货）、Eastbay（运动用品）、Ideeli（综合）、Gap（服装）、Puritan（保健）、Rue La La（精品购物）、Benefit（品牌化妆品）、Endless（鞋履/箱包）、SHOEBACCA（鞋履）、AlbeeBaby（母婴）、Ulta（美容化妆）、Bestbuy（电子产品）、Juicy Couture（女装配饰）、Revolveclothing（服装配饰）、ZARA（品牌服饰）、Victoria's Secret（女士内衣）、Tommy Hilfiger（品牌服装）、Soap（日用品）、Nordstrom（百货）、Gilt（精品购物）、Hautelook（精品购物）等。

(二)主要转运公司

常用的转运公司包括：百通物流、CUL 中美速递、先锋快递、久禾快运、Fes 交易链、天翼快递、同舟快递、风雷速递、USAMAIL2ME 转运、DHL、美国快递、QQ 华人快递、瑞天速递、顺升快递、Soondaa 速递、UPS、TNT、OCS、FedEX、飞洋快递、利达快递等。

第二节　eBay 海淘实战——直邮

一、eBay 简介

eBay(电子湾、亿贝、易贝)是一个可以让全球民众上网买卖物品的线上拍卖及购物网站。eBay 于 1995 年 9 月 4 日由 Pierre Omidyar 以 Auctionweb 的名称创立于美国加利福尼亚州圣何塞。人们可以通过网络在 eBay 上出售商品。如今 eBay 已有 1.471 亿注册用户,有来自全球 29 个国家的卖家,每天有涉及几千个分类的几百万件商品交易,成为世界上最大的电子集市。

2015 年 4 月 10 日,PayPal 从 eBay 分拆,协议规定,eBay 在 5 年内不得推出支付服务,而 PayPal 则不能为实体产品开发自主的在线交易平台。

二、eBay 注册技巧

(一)创建 eBay 全球账号(SMS 认证)

1. 注册 eBay

eBay 的注册可以在各个国家或地区的平台完成,但从便利性考虑,建议通过中国香港平台完成,链接到 www.eBay.com.hk 点击“注册”,开始注册 eBay 账号,请根据界面提示输入信息,执行操作(见图 4-1)。

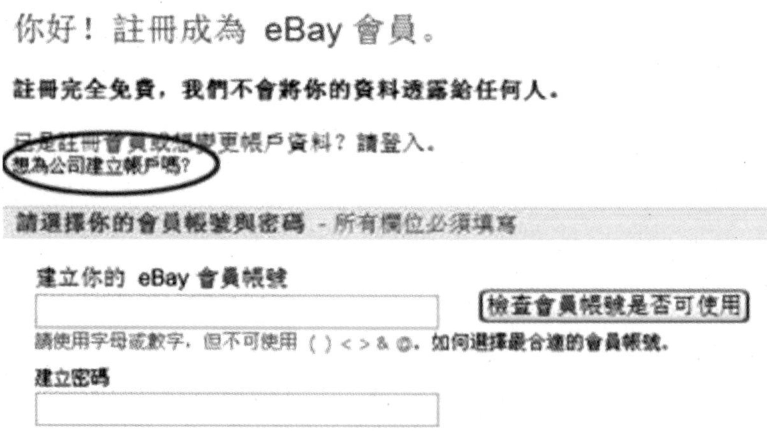

图 4-1　eBay 会员注册界面

选择登记个人账户(Individual Account)或商业账户(Business Account),后者可以让您使用公司身份注册,并且把账户设为公司名称。

确保输入真实资料,并使用目前所在的中国地址(请选择国家为“中国”,才能进行 SMS 认证,如果忘记选择“中国”,那么只能等 24 小时之后,重新注册一个 eBay 账户,不过仍然可以使用同一个手机号码)。

2. 确认身份

为确保跨国交易的安全可靠，eBay 需要通过信用卡对用户的身份进行识别，如图 4-2 所示。

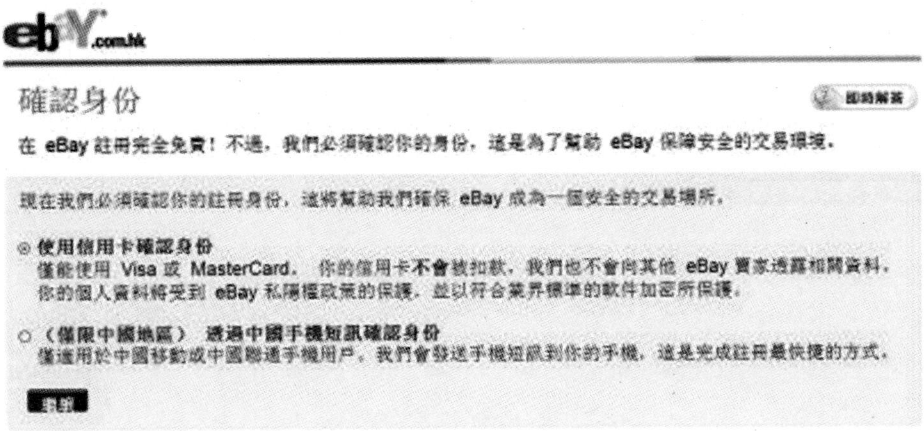

图 4-2 eBay 会员注册身份确认界面

3. 信用卡认证

如果你使用国际信用卡，一般带有 VISA 或 Master Card 标志，就可以进行信用卡认证。按照要求填写相关的信息，具体如图 4-3 所示。

图 4-3 eBay 会员注册信用卡认证界面

4. 手机短信认证

通过手机短信进行验证，如果选择中国手机短信确认身份，请输入 11 位手机号码（不含区号），并接收系统自动发送的确认代码，另外可以勾选图 4-4 中的方框，以这个号码作为主要联络号码（号码仅限于中国移动/中国联通）。随后会收到确认代码，将其输入框中（如图 4-5 所示）。友情提示：一个手机号码只允许认证一个 eBay 账户。

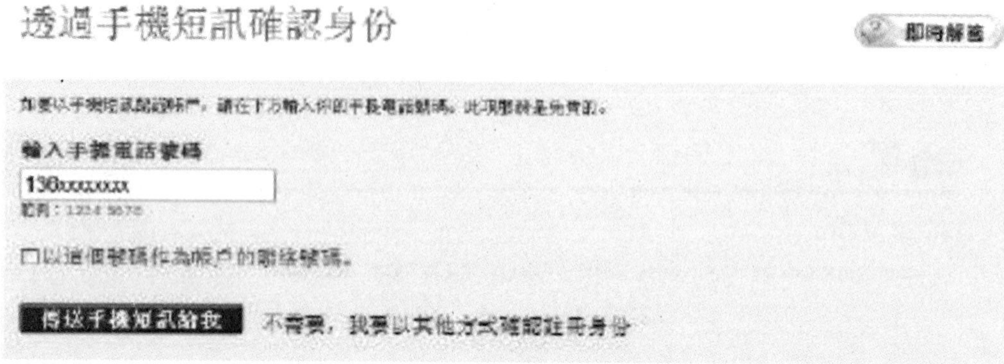

图 4-4　eBay 会员注册手机短信认证界面

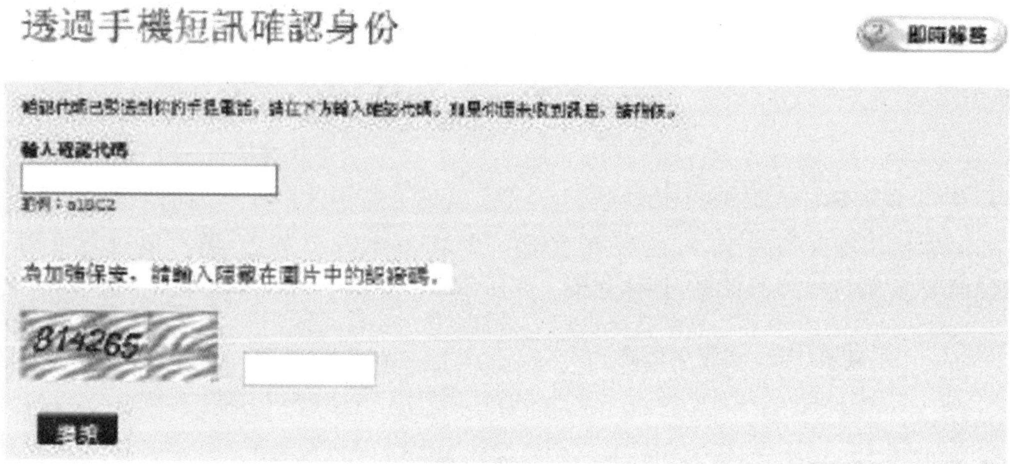

图 4-5　eBay 会员注册手机短信认证验证码输入页面

5. 完成注册

请到电子信箱中查收注册信，点击信中的链接，即可完成注册（见图 4-6）。成功注册后，即可进入下一步，即 PayPal 注册或 PayPal 认证。

图 4-6　eBay 会员注册完成界面

(二)认证 eBay(非必需步骤,仅供参考)

少数高风险卖家在开始销售物品时,可能会被系统自动要求再次认证,在你完成 PayPal 认证及关联,开始在 eBay 销售物品时,如果被提示再次进行认证,请参考如下内容:

首先需要从“中国 SMS 手机短信认证”和“国际信用卡”中选择一种认证方式,只有将 eBay ID 的国家选择为“中国”的用户,才能使用“中国 SMS 手机短信认证”(见图 4-7)。

图 4-7　SMS 认证界面

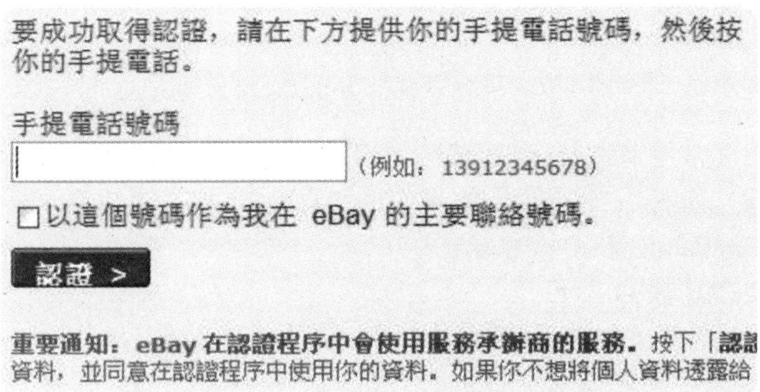

图 4-8　SMS 认证电话号码输入界面

如果选择中国 SMS 手机短信认证,输入 11 位手机号码(不含区号)并请勾选图 4-8 中的方框,以这个号码作为主要联络号码。

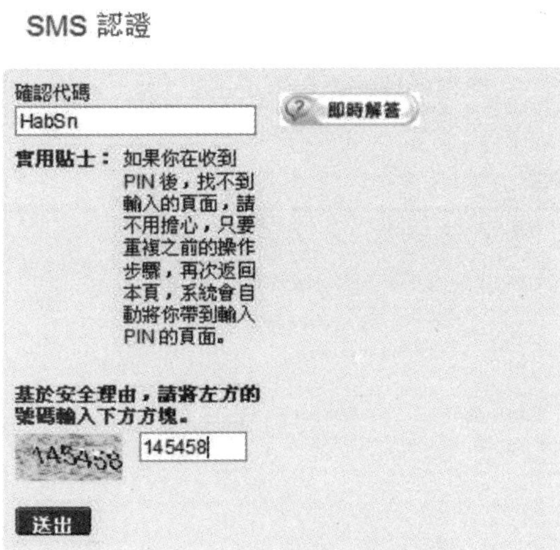

图 4-9　SMS 认证验证码输入界面

手机收到确认代码后，请输入到网页中(见图 4-9)，以便完成卖家认证，SMS 确认码生效时间为 24 小时。

图 4-10　SMS 认证信用卡认证输入界面

如果选择以国际信用卡进行认证，请输入用来缴付 eBay 费用的信用卡资料(可以自行选择是否自动缴款)，如图 4-10 所示。如果不选择自动缴款，也可以到 eBay 香港网站的“卖家账单”页面，用 PayPal 支付 eBay 账单。

(三)关联 PayPal 账户

在“My eBay”左边菜单栏点击“我的账户”，进入页面点击右侧的“连接到我的 PayPal 账户”按钮(见图 4-11)，跟随提示登录进入“PayPal”并点击“获取 PayPal 地址”按钮(见图 4-12)。

图 4-11　关联 PayPal 账户界面

图 4-12　关联 PayPal 账户完成后的界面

三、eBay 海淘技巧

主要应该注意三个环节：一是找到自己想要的商品，一般通过“Search”按钮输入产品（有效搜索）和通过商品分类进行查找（浏览商品）两种方式；二是在找到相应的商品后，有三种方式进行购买，即立即购买、竞拍商品与直接出价；三是在商品购买中，要掌握选择优质买家的一些技巧。

（一）如何找到想要的商品

一般有两种方法：一是进入 eBay 的主界面，在页面顶部的位置输入你所需要的商品的关键词，然后点击“Search”，进行商品的选择，如图 4-13 所示。

图 4-13　eBay 搜索功能的使用界面

二是可以通过点击导航栏的商品分类进行相关的商品选择，如图 4-14 所示。

图 4-14　eBay 导航栏功能的使用界面

（二）如何进行购买

1. 直接购买

（1）找到你想要购买的商品，点击“Buy it Now”就可以直接购买（见图 4-15），确认商品信息后，点击“Commit to Buy”对商品进行确认购买。

（2）输入收货的地址信息，页面会跳转到支付页面，然后进行支付选择，完成支付后，就完成了购物过程。

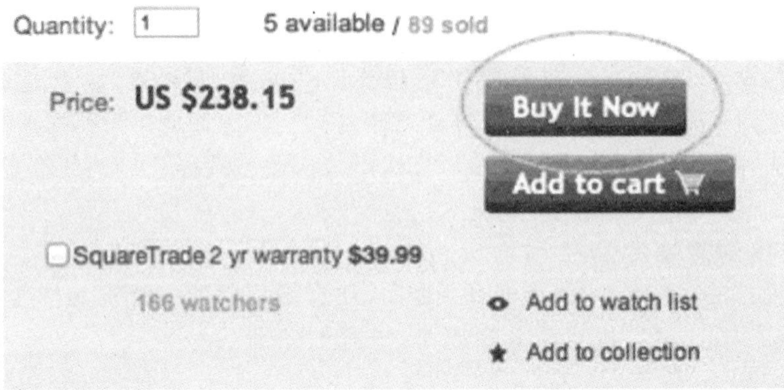

图 4-15　eBay 购买过程中直接购买的操作界面

2. 竞拍商品

(1)输入您愿意为这个商品付出的最高的竞拍价格。当然,如果其他买家出价竞拍,系统会自动增加您的竞拍价格,直到达到之前设定的最高价格。

(2)请经常查看以确认您是否仍是最高的出价者。若不是,可增加您的最高竞拍价并重新提交。

(3)如果到拍卖结束您仍然是最高出价者,您将赢得此次拍卖。

(4)完成支付,结束购物。

如图 4-16 所示。

图 4-16　eBay 购买过程中竞拍商品的操作界面

3. 直接出价

若卖家已设定某商品接受“出价”,则您可对该商品直接出价(见图 4-17)。

(1)寻找接受“最佳出价”的商品列表;

(2)点击“Make Offer”出价;

图 4-17　eBay 购买过程中直接出价的操作界面

(3)输入您的出价金额,如果需要给卖家留言,点击“Add message to seller”添加留言(见图 4-18);

图 4-18　eBay 购买过程中还价的操作界面

(4)点击“Review offer”出价;
(5)确认出价信息,并点击“Submit offer”提交出价;
(6)卖家可以接受或者拒绝您的出价;
(7)卖家接受,您就可以付款购买。

(三)如何挑选优质的买家

1. 参考 eBay 的评价体系

eBay 评价代表着用户的信用程度,由和你交易的卖家或者买家的评价决定。买家可以给卖家留下好评、中评或差评,卖家可以给买家留下好评和不做评价。所以,每一位 eBay 用户都会得到一份评价记录。信用评分是您参考卖家信用的最重要的指标,它位于用户 ID 的旁边,数字代表它被评价的次数,还可以看到好评率等(见图 4-19)。

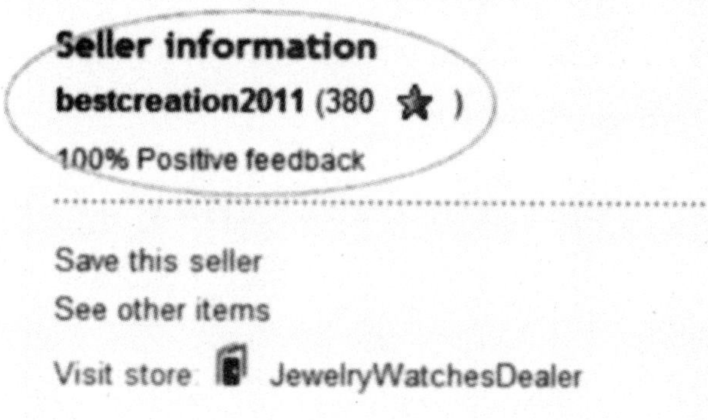

图 4-19　eBay 评价体系的界面

2. 如何识别 eBay 的优质评级卖家

一般来说，你购物的时候，如果发现 ID 边上有标示，就表明卖家为 eBay 官方评定的优质评级卖家(见图 4-20)。这些卖家需要在交易金额、评价数量、发货和其他服务方面达到一定的标准，才能通过审核。

图 4-20　eBay 优质卖家的界面

在 eBay 的体系中，还有一种官方认定的超优评级卖家，如图 4-21 所示。这类卖家需要更优质的服务通过认证，例如：所有商品都提供最低 14 天的退款退货服务，卖家承诺在 1 个工作日内发货并提供物流的追踪信息等。

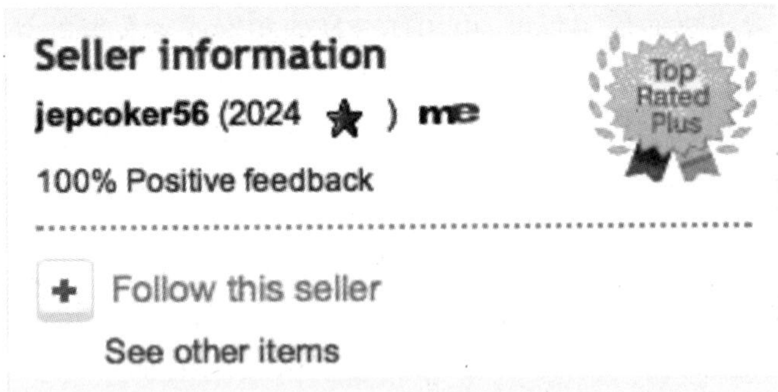

图 4-21　eBay 超优评级卖家的界面

四、eBay 海淘成功案例

1. eBay 的注册

eBay 的注册完成界面如图 4-22 所示。

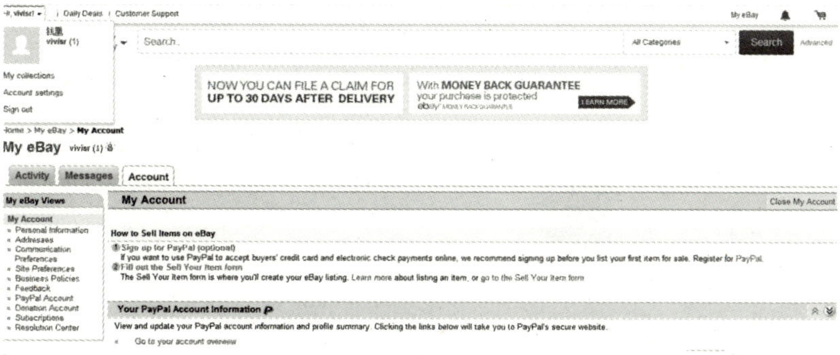

图 4-22　eBay 注册完成界面

2. PayPal 账户的注册

PayPal 账户注册完成界面如图 4-23 所示。

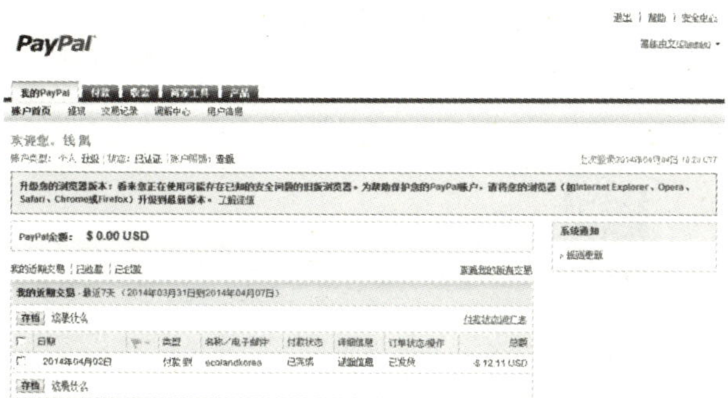

图 4-23　PayPal 账户注册完成界面

3. 下单

eBay 海淘下单完成界面如图 4-24 所示。

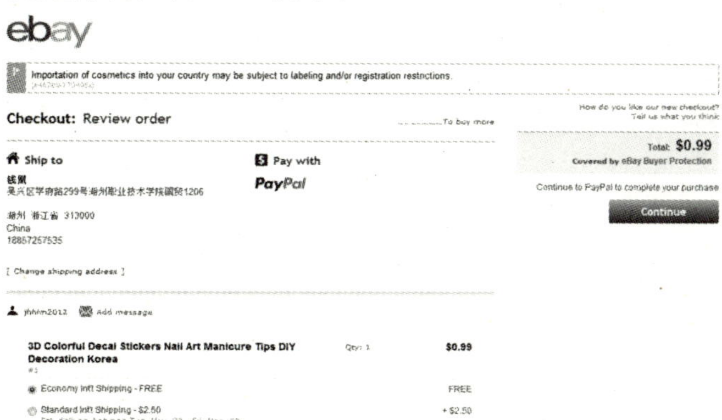

图 4-24　eBay 海淘下单完成界面

4. 购买

eBay 海淘购买完成界面如图 4-25 所示。

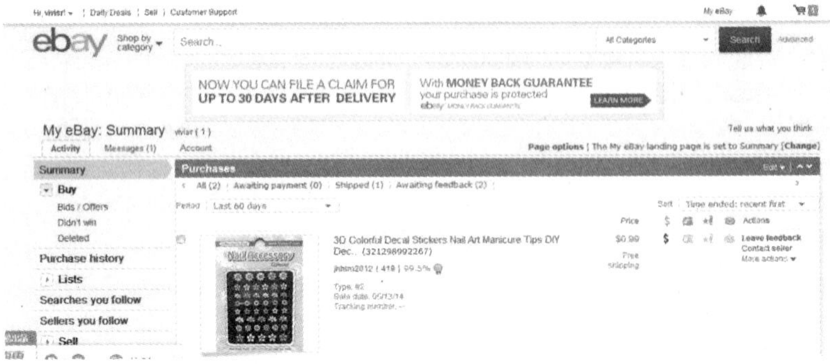

图 4-25　eBay 海淘购买完成界面

5. 发货

eBay 海淘发货完成界面如图 4-26 所示。

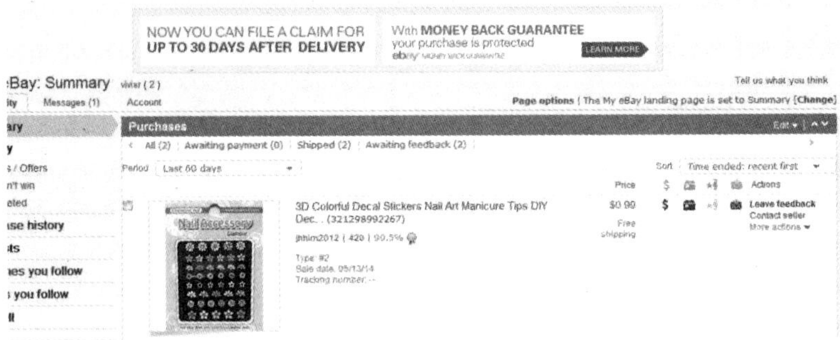

图 4-26　eBay 海淘发货完成界面

6. 评价

eBay 海淘评价界面如图 4-27 所示。

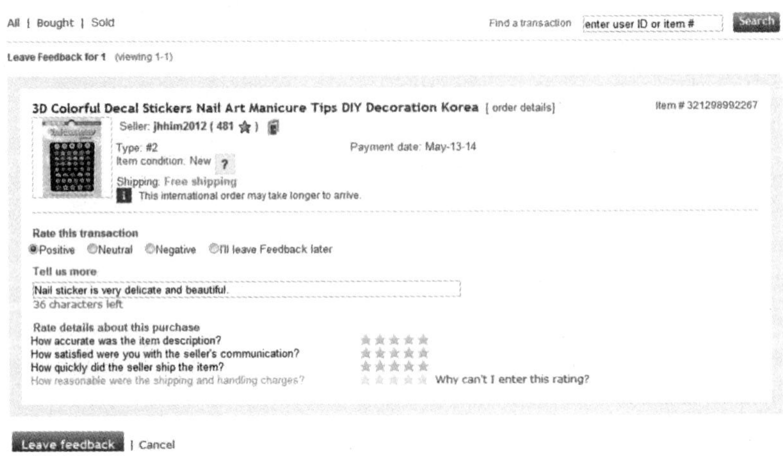

图 4-27　eBay 海淘评价界面

7.投递单及收到货的照片

eBay 海淘的投递单及收到货的照片如图 4-28 与图 4-29 所示。

图 4-28　eBay 海淘购买完成(投递单)

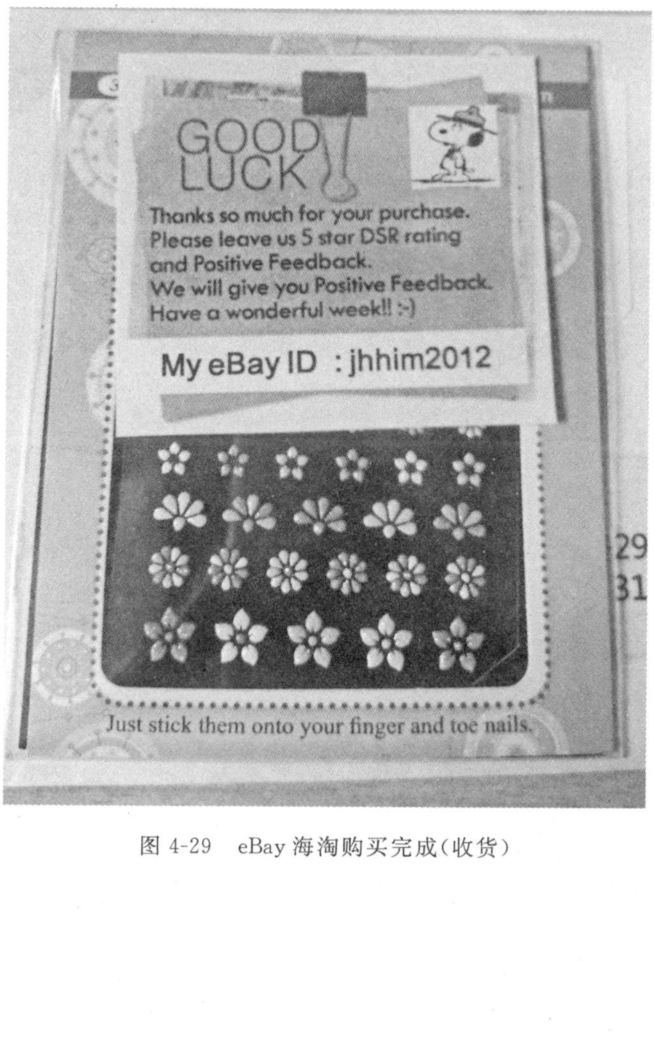

图 4-29　eBay 海淘购买完成(收货)

第三节　Amazon海淘实战——转运

目前很多网站都可以进行海淘，但由于运输区域仅限于当地，因此，各类转运公司不断兴起，很好地解决了这个问题。本节主要以美国亚马逊为例，简单说明利用转运公司的海淘实战。

一、转运商账号注册

主要的转运公司包括天天海淘、飞碟快递、腾牛速递、优购快递、星辰转运、先锋快递、赤兔马、天翼快递、瑞天速递、久禾快运等。国内转运大同小异，可根据个人习惯选择公司，总体上操作也比较简单。一般转运公司都有在线客服，遇到问题可以与客服联系。

这里笔者以天翼快递为例，简单介绍一下转运的操作。

注册页面地址为：www.tykd.com/register.asp，完成注册后的界面如图4-30所示。

图4-30　转运公司注册完成界面

注册好之后就可以得到自己的美国专属地址，而且还可以看到自己购买的商品在美国的物流情况。

二、亚马逊美国网站注册

1.在亚马逊美国网站主页右侧菜单中，点击“New customer? Start here”，如图 4-31 所示。

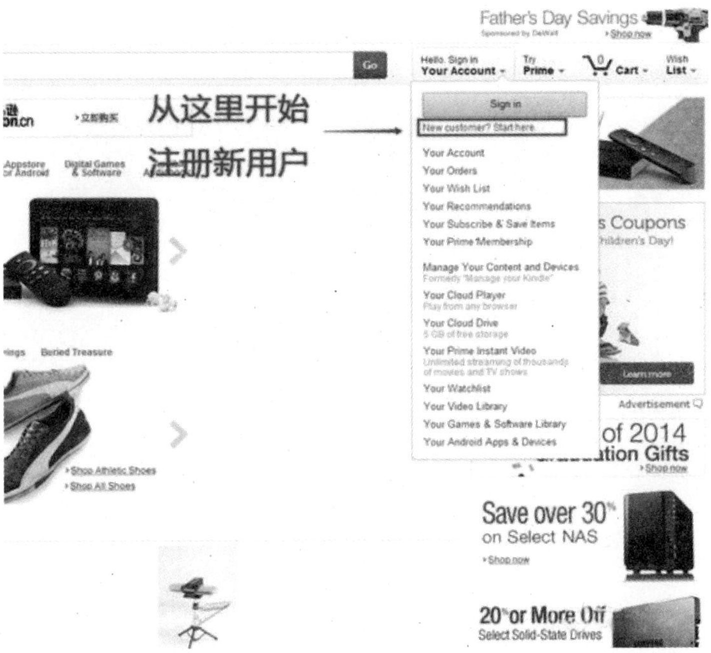

图 4-31　亚马逊的注册界面

2.填写注册资料

输入你的昵称、邮件地址和密码，注意要填入有效的邮箱，如图 4-32 所示。

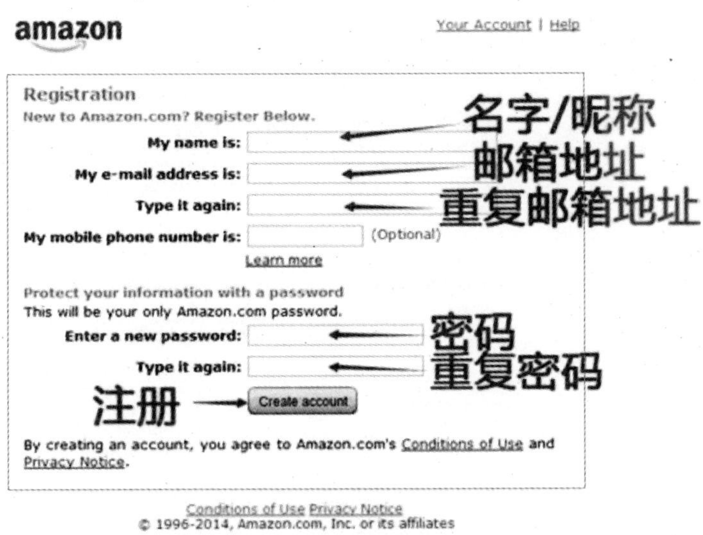

图 4-32　亚马逊注册资料的填写界面

3. 添加收货地址

在右侧下拉菜单中找到"Your Account",如图 4-33 所示。

图 4-33 亚马逊账号后台的进入界面

4. 往下找到"Setting"(设置),然后点击右边的"Add New Address",添加一个新地址,如图 4-34 所示。

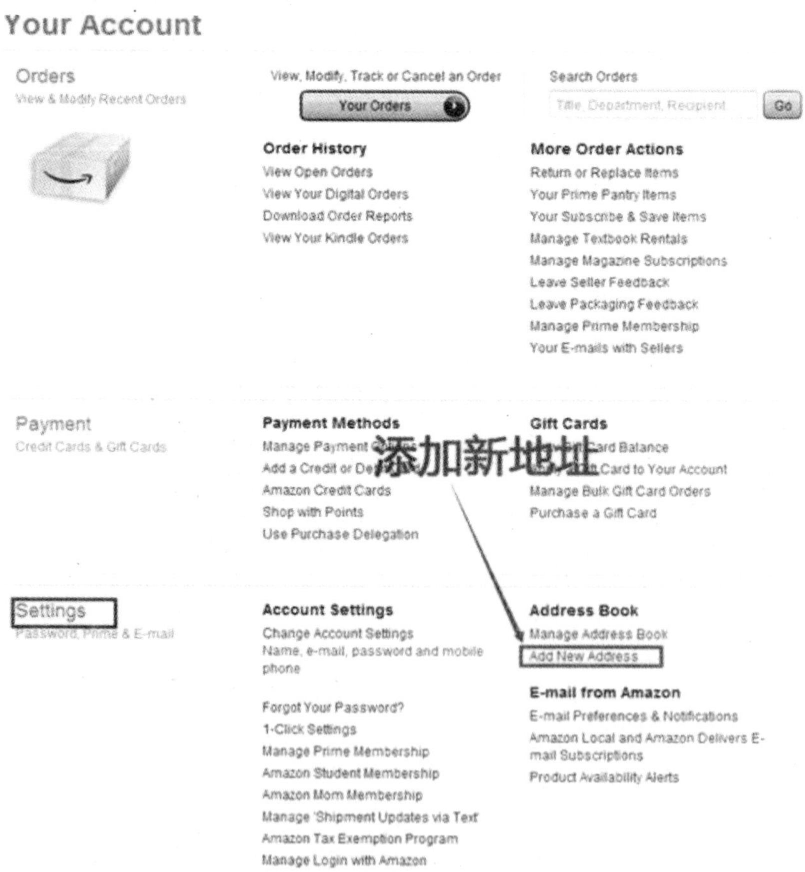

图 4-34 亚马逊的账号后台界面

5. 添加刚才注册的转运公司提供的美国地址

一定要完全按照转运公司提供的地址填写，可以同时打开转运公司的地址页，复制粘贴上去，可以避免填错，最后储存并添加支付方式，如图 4-35 所示。

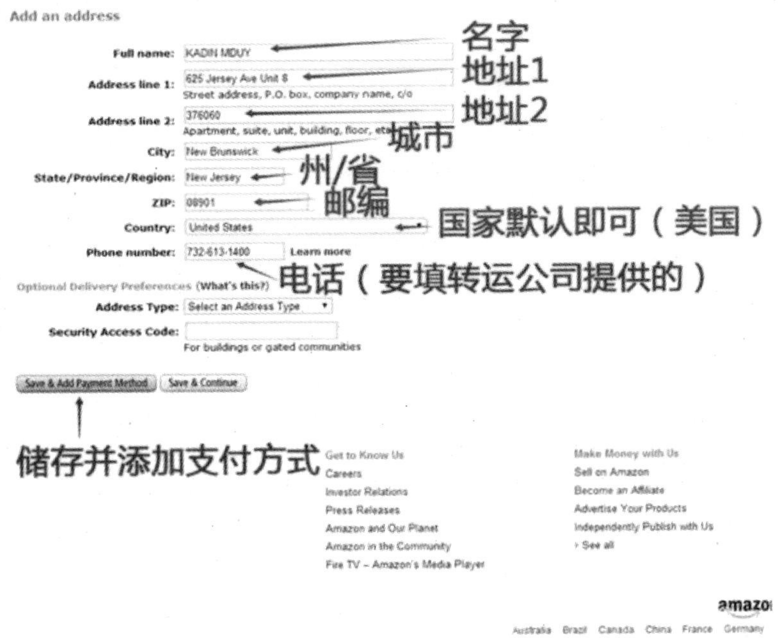

图 4-35　亚马逊的账号后台转运公司地址填写界面

6. 储存后亚马逊会要求我们修改地址

转运公司给的地址有身份识别编码，我们不要进行修改，如图 4-36 所示。

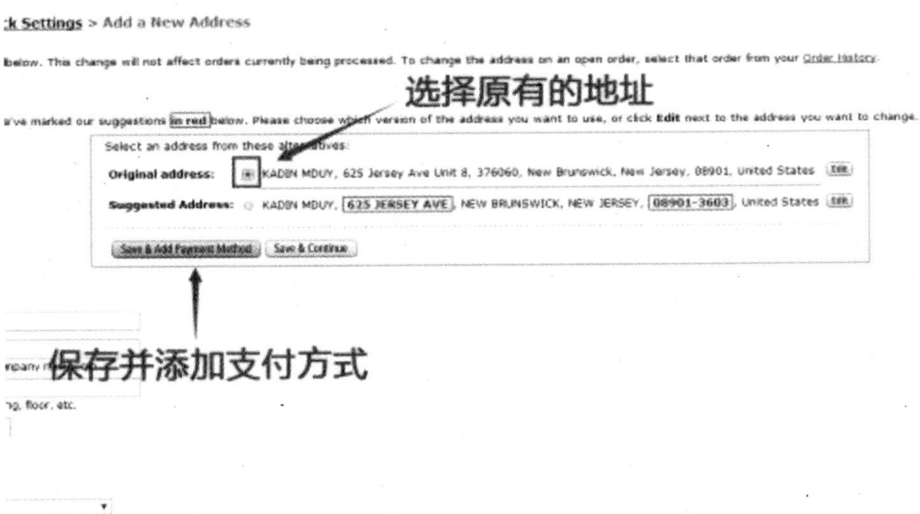

图 4-36　亚马逊的账号后台转运公司地址保存界面

7. 填写信用卡信息

一般要求填写相关的信用卡信息。填好信用卡卡号、开卡人姓名和卡片有效期，然后点击添加信用卡账单地址，如图 4-37 所示。

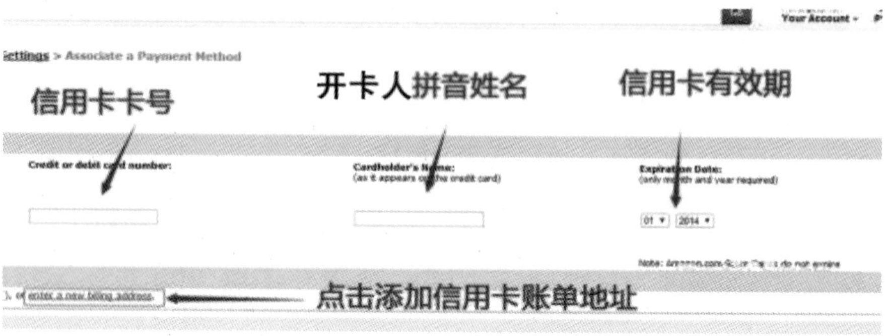

图 4-37 亚马逊的账号后台信用卡信息填写界面 1

8. 添加信用卡账单

之前说可以直接用转运公司地址，但是现在亚马逊比较严格，填转运地址会导致直接封号，所以请填写国内申请信用卡时登记的地址，填写拼音即可，最后点击“Use this address”，如图 4-38 所示。

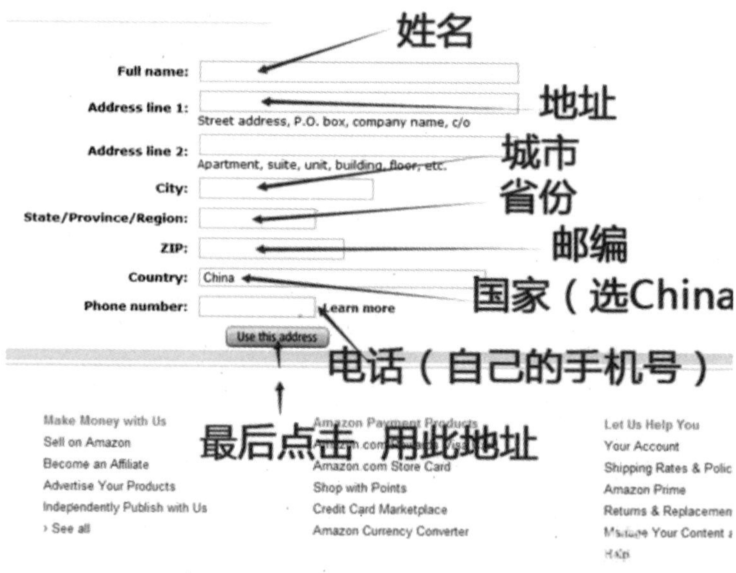

图 4-38 亚马逊的账号后台信用卡信息填写界面 2

三、亚马逊美国网站购物

美国亚马逊网站是全球最大的网上购物网站之一，非常适合新手海淘。亚马逊网页上有搜索栏，只要输入产品名称、型号或品牌就可以找到您想要购买的物品，然后点击“Go”，如图 4-39 所示。

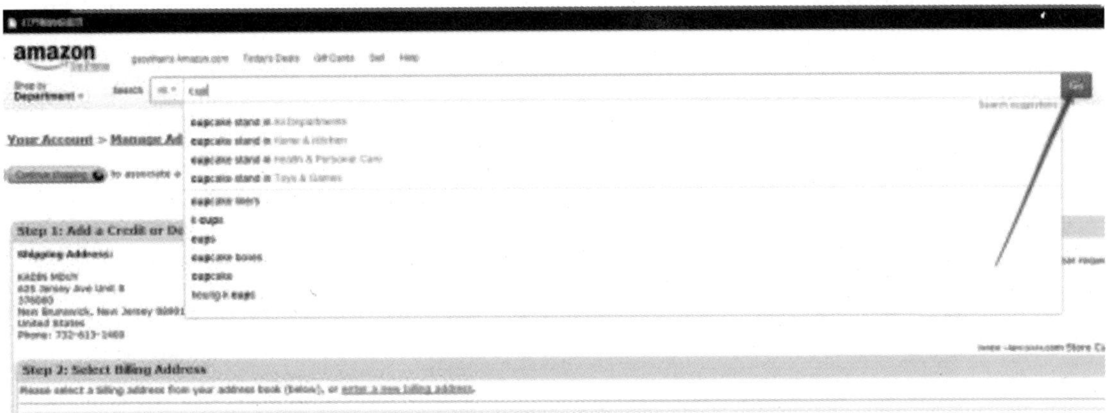

图 4-39　亚马逊搜索栏界面

1. 搜索到自己想要的物品就可以点击链接进入(见图 4-40)

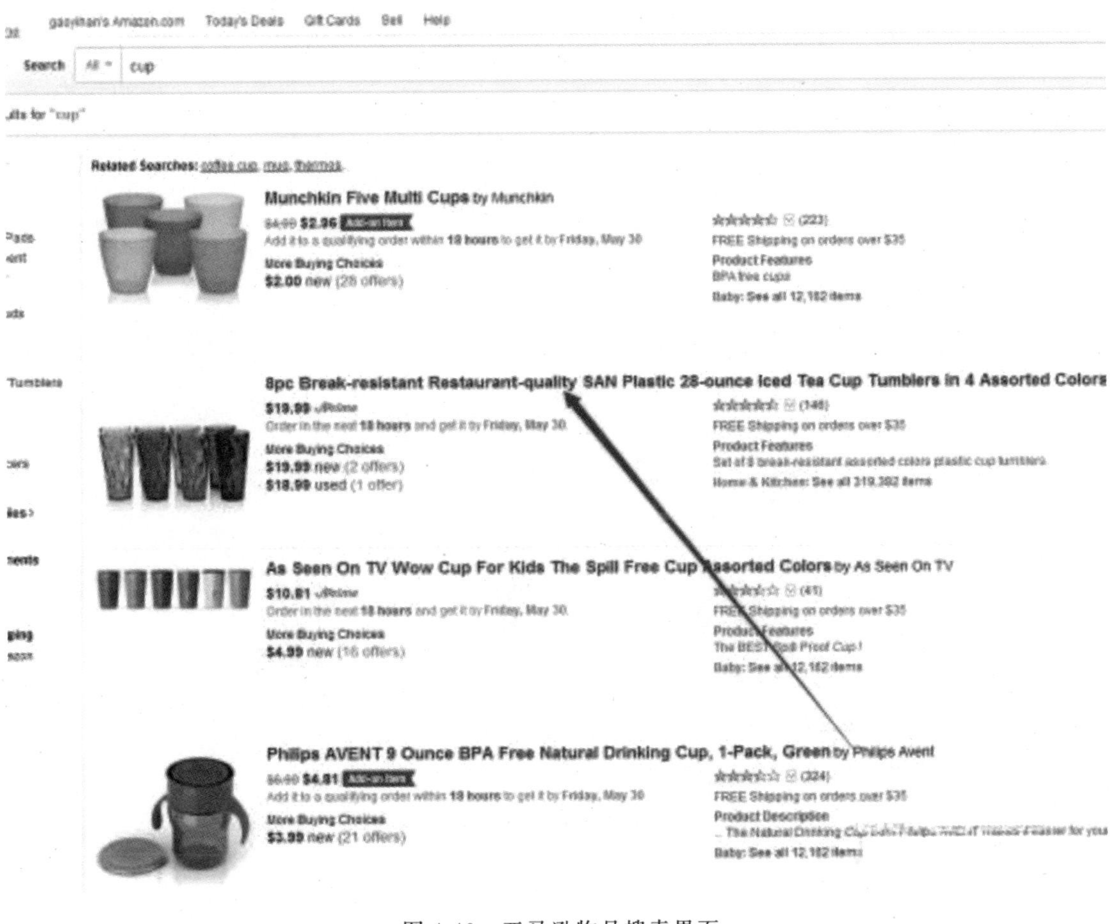

图 4-40　亚马逊物品搜索界面

2. 选择要买的数量,然后放入购物车(见图 4-41)

图 4-41　亚马逊购物车放入界面

3. 进入结账页面

亚马逊结账页面如图 4-42 所示。

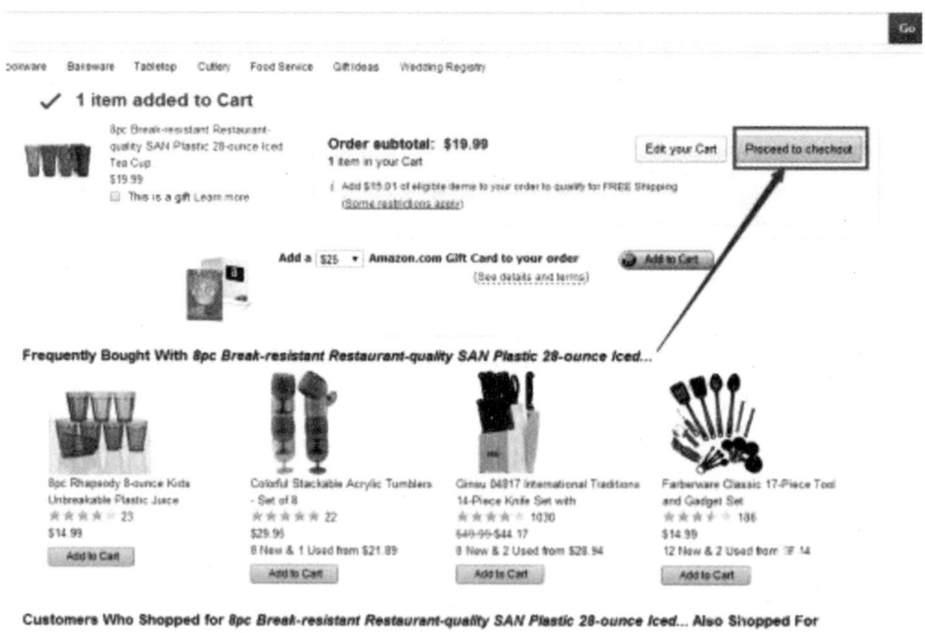

图 4-42　亚马逊购物结账界面

需要注意的是,这里会出现两个地址,一个是前面填过的转运公司的地址,另一个是信用卡账单的国内地址,选择转运公司的地址,然后点击地址下面的"Ship to this address",如图 4-43 所示。

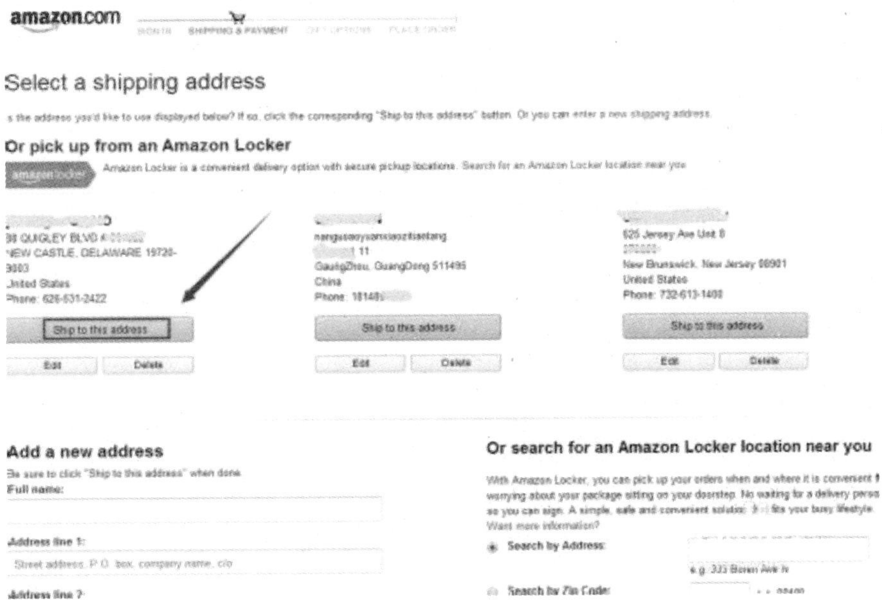

图 4-43　亚马逊购物运输地址确认界面

4. 选择运送方式

自己选择用哪种运送方式(普通运输或加急运输,注意加急运输是收费的),一般客户会选择免费的“FREE Super Saver Shipping”,但速度比较慢,如图 4-44 所示。

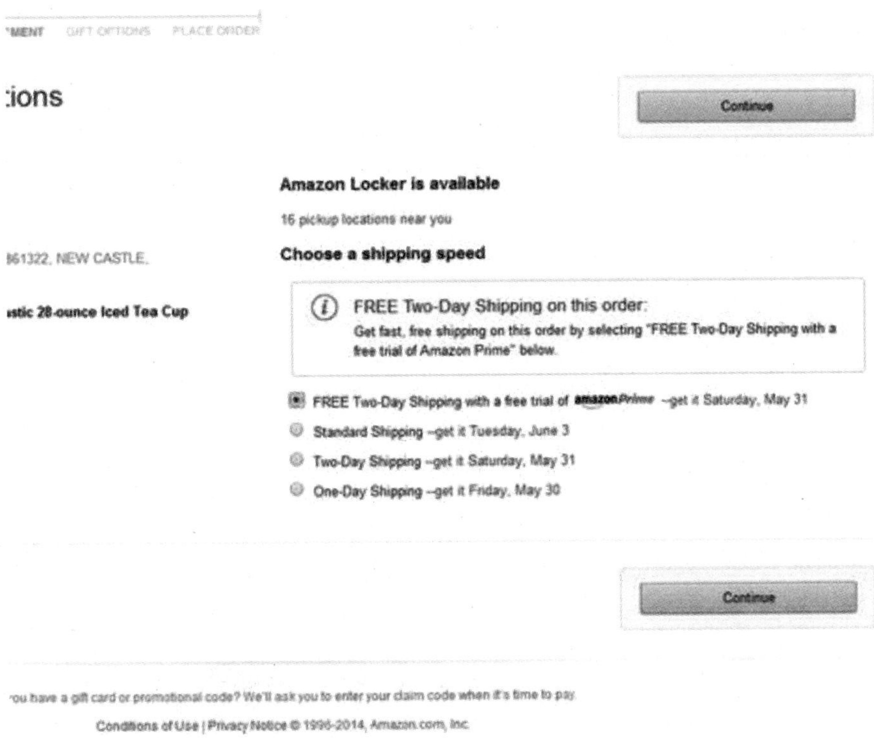

图 4-44　亚马逊购物运输方式确认界面

如果购买超过一种物品，选择运输方式后还有“Choose a shipping preference”（选择您的邮寄偏好），您可以选择“Group my items into as few shipments as possible”（将所有物品同时发货，尽量一次发货），或者“I want my items faster”（一有货就马上发出，会分多次发货）。然后点击“Continue”。

5. 选择信用卡

选择我们刚才添加的信用卡，然后点击“Continue”，如图 4-45 所示。

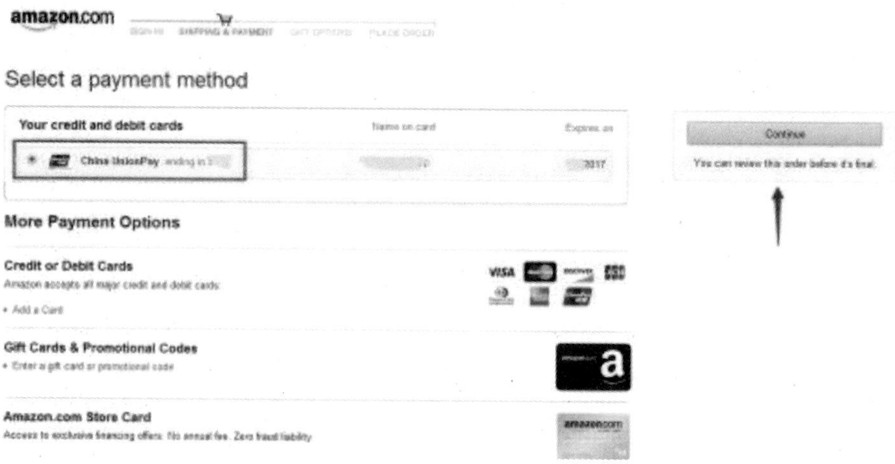

图 4-45　亚马逊购物信用卡确认结账界面

6. 选择账单地址

选择刚才填写的国内账单地址，然后点击“No thanks”，如图 4-46 所示。

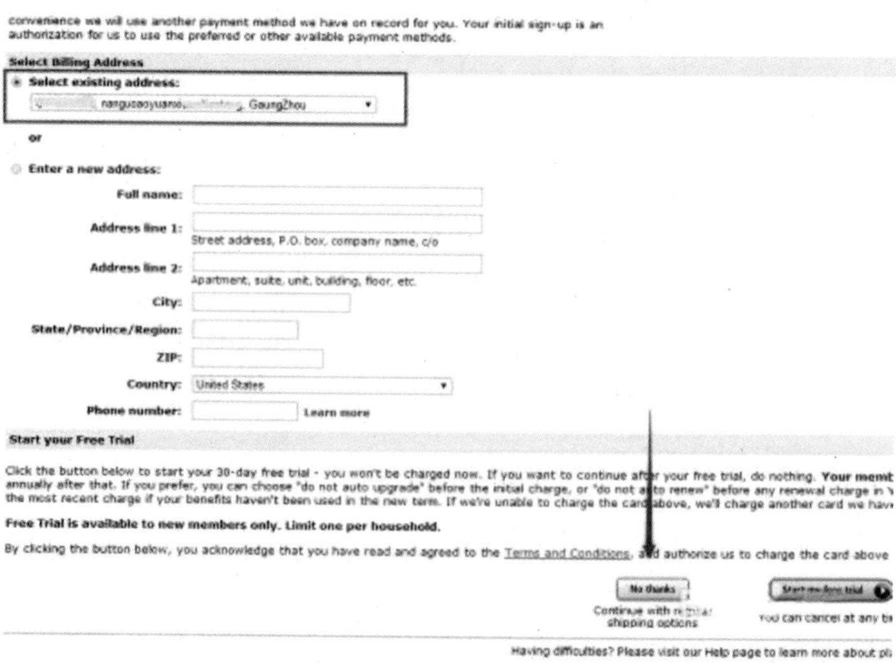

图 4-46　亚马逊购物国内账单寄送确认界面

7. 点击"Place your order"

最后一步点击"Place your order"，确认订单，如图 4-47 所示。至此，购物就完成了，不需要我们输密码、付款等，亚马逊会先给你的信用卡发预授权信息，确保你的卡里有足够的余额，然后就开始发货了，投递之后才会预授权成功并扣款。

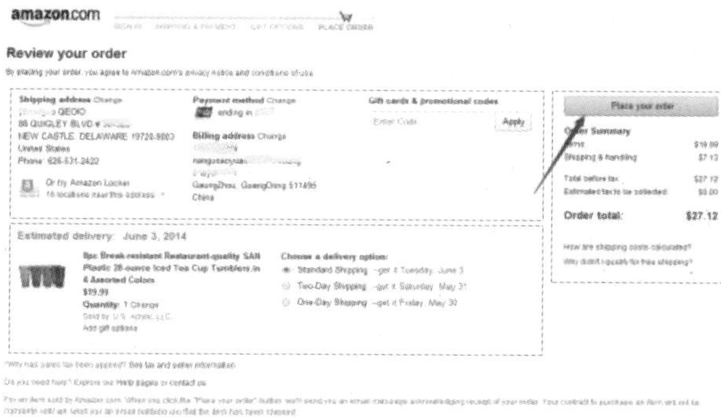

图 4-47　亚马逊购物订单确认界面

此时只需要慢慢等待了，包裹到达转运公司后会给你发邮件，你可以观察物流信息，等包裹入库审核之后，转运公司会告诉你运费是多少，付款之后包裹出库转运到中国。至此海淘就算成功了。

思考与练习

项目一：课堂讨论，结合自己拟海淘的产品，选择合适的转运公司

【活动目的】学生能根据不同的海淘产品与各转运公司的优势，选择合适的转运公司。

【活动内容与要求】

1. 登陆各转运公司的官网，了解各公司的优势；
2. 说明自己拟海淘的产品，该产品对转运服务有什么要求；
3. 分析各转运公司的优劣，选择合适的公司。

【结果与检测】

1. 能分析各转运公司的优劣；
2. 能选择合适的转运公司做海淘。

项目二：海淘初体验

【活动目的】学生能顺利完成海淘

【活动内容与要求】

1. 通过亚马逊、eBay 等平台海淘产品；
2. 完成注册、下单和比较；
3. 顺利收到产品。

【结果与检测】

顺利收到海淘产品。

第五章　国际市场调研实战

知识目标：

1. 国际市场调研的方法
2. 国际市场调研报告的撰写
3. 国际市场拓展方案的撰写
4. 进行国际市场调研的各种手段和方法

能力目标：

1. 能够熟练使用搜索引擎与在线翻译网站，分析产品的国际商机
2. 能够综合运用相关知识，对一个国外公司（英语类国家）进行调研和合作机会分析
3. 能够综合运用相关知识，对一个国外公司（非英语类国家）进行调研和合作机会分析

第一节　国际企业调研实战

外销企业开拓海外市场，整体外销策略是关键。要制定正确的外销策略，就要求外销企业在商品出口前，对国际市场进行调查研究，充分做好准备工作，不搞盲目出口。国际市场调研就是系统地收集、记录和分析资料，以便提供对市场经营决策有用的信息，是企业整个对外经贸活动的基础。

案例 5-1　　**对国外公司进行市场调研**

如公司收到以下询盘，应该如何判断有效性，如何了解对方合作单位的底牌和真实的目的呢？

Message Details

Message Subject	Inquire about 90cm×90cm Printed Silk Satin Quadrate
Message Content	Dear Sir, Please tell us business price of satin scarves and if you have new collections. Regards komal indo exports

Message Basics and Contact Details

Message Code	YKymanjoOgGz

Date & Time Sent	2009-02-18
Sender	Mr. arc
Company	komal indo exports
Email	abc@hotmail. com (NOTE: Please REPLY to info@komalindoexports. com but DO NOT REPLY to en_notification@made-in-china. com)
Telephone	91112205636777
Country/Region	India
Homepage	www. komalindoexports. com
Sender's IP Address	195. 222. *. *
Sender's IP Location	Belarus

第一步,就是浏览该公司的主页 www. komalindoexports. com(见图 5-1),了解相关信息和合作的可能性。

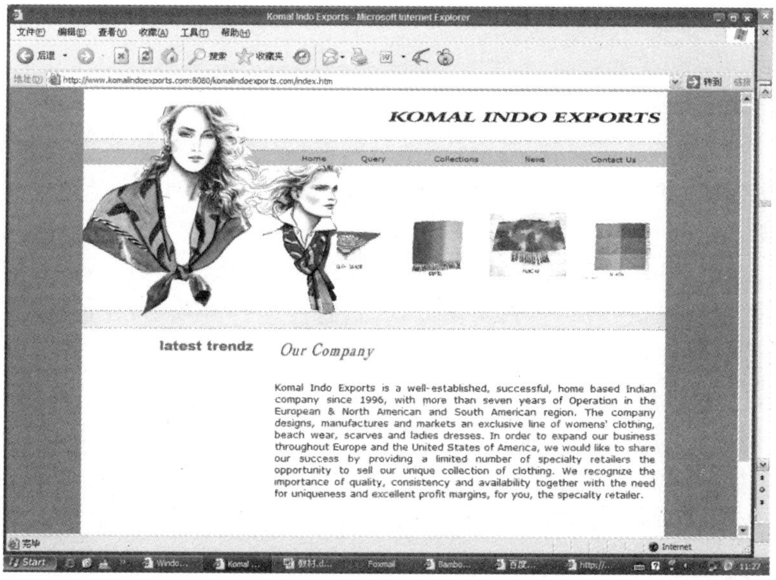

图 5-1　公司首页

第二步,利用在线翻译工具,在 www. baidn. com 网站中输入网址,然后选择"翻译此页",语言选择"英语",就可以实现在线即时翻译,如图 5-2 所示。

第三步,撰写简单的分析报告,报告内容包括公司介绍、业务介绍、联系方式、合作机会分析、公司综合评价和其他信息等。

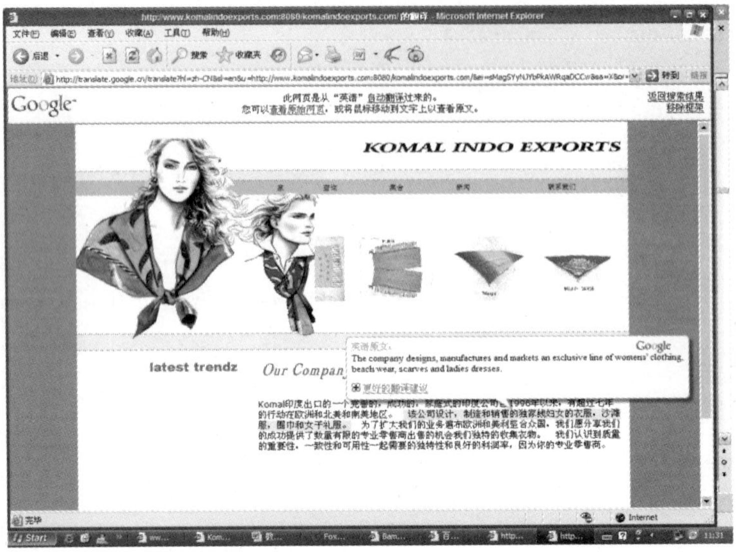

图 5-2　公司首页翻译

一、国际市场调研的内容

国际市场调研需要收集企业开展国际市场业务的至关重要的全部信息，包括该国的政治局势、法律制度、文化属性、地理环境、市场特征、经济水平等。国际市场调研部门还要提供必要的市场信息，帮助企业克服对异国市场的陌生感和语言障碍等。国际市场调研的信息资料内容包括以下几点。

（一）经济发展信息

包括经济环境特征、经济增长速度、通货膨胀率、工商业周期趋势等一般信息，还包括与之相关的价格、税收、外贸等方面的政策，以及国家颁布的各种商业法规和经济法规。

（二）社会或政治环境信息

包括影响企业海外业务经营的种种非经济性的环境条件的信息，如法律体系、语言文字、政治稳定性、社会风俗习惯、有关文化方式、宗教和道德背景等，还包括生态环境、安全标准等对企业经营有潜在影响的因素。

（三）市场条件信息

包括有关国家市场结构、市场容量、交通运输条件等，还包括对本部门产品的获利能力分析、主要进出口国的需求总量、某商品的进出口量占其国内消费或生产的比重、该国对国际市场的依赖程度、进出口国在今后一段时间内的动向等。

（四）市场竞争者的信息

竞争者包括国内的、当地的以及第三国的竞争者，调查了解的信息一般包括：市场竞争结构和垄断程度；主要竞争对手企业的占有率；主要竞争对手企业在商品成本方面的优劣势；在市场占主要地位的外国企业在关税、运输费用等方面享有的优惠情况；当地供货商利用政治影响提高关税壁垒和非关税壁垒的可能性；在市场占主导地位的竞争者对销售渠道控制的程度和方法；竞争对手企业售前和售后服务的情况和设施以及竞争对手企业对外国跨国公司的依赖程度等。

(五)科技发展的信息

科学技术的发展直接影响到企业劳动生产率的提高、生产经营条件的改善、产品成本的降低以及产品的不断开发与创新。业务员应经常注意和搜集对本企业有用的、别人已经取得的科技成果或发明专利方面的详细信息资料。

信息的搜集还应涉及企业管理方面的经验、国际市场商品价格方面的动态等。有时企业出于特定的研究目的,也要就一个专题进行市场调研,收集与之有关的信息资料。

二、国际市场调研的方法

企业对国际市场调研获取的信息资料,根据其取得的途径不同,可分为两类:一类被称为原始资料,是通过自己亲自观察、询问、登记取得的;另一类被称为二手资料,是别人搜集到的,调查者根据自己研究的需要,将其取来为己所用。根据信息资料获取方法的不同,习惯上把国际市场调研的方法分为案头调研法和实地调研法。

(一)案头调研法

案头调研法就是第二手资料调研,是以在室内查阅的方式收集与研究项目有关的资料的过程,信息来源有以下几种。

1. 企业内部有关档案资料

指企业内部有关国际市场销售的档案资料或记录,如客户订单、销售资料、库存情况、业务函电、成交合同、谈判记录等。

2. 本国政府及研究机构的资料

如国家经济贸易委员会国际贸易研究所主办的《国际贸易》《外贸调研》《国际经贸信息》等杂志,对外贸易大学主办的《国际贸易问题》等。

3. 外国政府及研究机构的资料

如美国的《世界贸易手册》《美国统计摘要》《营销信息指南》《现代商业概览》《美国进口商号与出口商号目录》《商业周刊》《美国经济评论》等;日本的《日本经济年鉴》《日本最新贸易手册》《每年价格指数》《输入商品贸易者名鉴(按产品分的进口商行名录)》等;英国的《经济学家》《国际商业》《金融时报》,英国皇家统计局出版的《统计年报》《地区统计摘报》《每月统计摘要》《社会趋势》等。

4. 国际组织出版的国际市场资料

如国际贸易中心(ITC)发布的特种产品研究、市场介绍;联合国发布的贸易、工业、经济统计资料和国际市场开发资料;联合国粮食及农业组织(FAO)提供的地区农业市场资料;经济合作与发展组织(OECD)发布的贸易、工业、科技、运输等方面的研究报告、统计资料;联合国贸易和发展会议(UNCTAD)发布的会议公报;国际货币基金组织(IMF)发布的国际市场外汇和有关条例的报告;世界银行出版的中文版的年度《世界发展报告》等。

5. 国际商会和行业协会提供的资料

国际商会和行业协会本身设有各种机构,收集和分析有关资料和问题,出版各类报告。如果出口企业与这些机构建立联系,可以不定期地收到它们的报告和有关资料。

6. 图书馆及市场研究机构提供的资料

各个国家的大型图书馆,各大学、各地区的公立图书馆都保存有大量的商业资料。另外，专业市场研究与咨询机构提供的市场销售信息、消费者需求信息，也很有参考价值。

此外，我国驻外机构、外国驻我国领事馆以及银行等金融机构提供的信息资料，也是涉外经营企业获取二手资料的重要来源。利用案头调研法获取的信息资料带有一定的主观性、局限性，在实际运用时一定要进行认真的核实和分析。

（二）实地调研法

实地调研法是国际市场调研人员采用实际调研的方式直接到国际市场上收集情报信息的方法，收集到的资料是第一手资料。

国际市场调研人员在国外收集第一手资料，要熟悉和了解所调研市场的文化背景、风俗习惯、语言文字、商业习惯等，还应该具备应对各种情况的应变能力，采用灵活的方法去引导和挖掘，诱使那些本不愿合作的调查对象提供正确可靠的信息。常用的方法有以下几种。

1. 询问法

是由调查人员通过直接向被调查者询问有关问题来搜集信息资料的方法，包括面谈调查、电话访问、信息调查等。现代通信技术的发展以及照相机、录像机、电视机等工具的运用，大大提高了这种方法的调研效果。

2. 观察法

是调查者通过直接观察和记录被调查者的言行来收集资料的一种方法，特点是调查者与被调查者不直接发生对话，使被调查者的言行在自然状况下表现出来，从而可以观察了解到其真实反应。该方法可为特定的目的专门使用，如广告效果测定、消费者购买习惯调查等，也可作为调查询问的一种补充。观察法可以客观地记录事情的真实状况，准确性较高，但它无法解释事件发生的原因和被调查者的动机，还要辅以其他方法来收集资料。

3. 实验法

是指在新产品投入市场或批量生产某种商品之前，或商品在某些方面有所改变后，先采取小规模的或在一定范围内的试销，来取得有根据的数据或资料的一种方法。例如参加交易会及展销会、展览会等活动，了解国外消费者或用户的反映。

三、国际市场调研的程序

（一）在国内进行案头调研

市场调研首先要确定所要研究的问题是什么，即调研的任务是什么。在国内进行的案头调研工作主要有以下几方面。

1. 进入市场的可行性分析

首先列出所有的潜在市场，然后分析研究该国信息情报资料，根据有关外贸政策、外汇管制、关税壁垒等信息，分析进入该国市场的可行性。

2. 获利的可能性分析

要对国际市场价格、市场需求量等进行了解，以便和竞争者的产品做出比较。

3. 市场规模分析

要对市场规模和潜力进行大致估测。有关产品的市场信息可以从公开发表的统计资料中获得；对绝大部分工业品市场规模进行的估测，只有在进行初始调研之后才能做出。

(二)在国外进行实地调研

在国外进行实地调研，指在国外市场的所在地，向消费者、用户和各种工商企事业进行直接调研，取得第一手的市场和商情资料。

在国外市场调研中，对于出口初创阶段的市场、发展潜力大的市场以及售后服务要求高的市场，企业可派出人员或小组，到国外当地市场做实地调查，跟踪产品、追踪信息。采用实地调研能够获得真实可靠的第一手材料，所需费用较高。

在国外进行实地调研的初期阶段只在某些特定市场上对几个关键问题进行调研，尔后少数几个能提供最大成功机会的市场上进行主要实地调研。

上述调研程序最适用于首次进入国际市场的企业，也适用于正在考虑扩大国际市场营销业务的企业和对现有市场进行长期调研的企业。

第二节　国际企业调研报告的撰写

一、国际企业调研案例

(一)公司调研报告的撰写

一般来说，在对国际市场的调研过程中，对国际企业的调研占了大多数。国际企业调研一般有两种方式，一是通过企业网站调研，二是通过实地调研，这里重点介绍网站调研，主要是通过美国 Lovegrove and Repucci 公司的网站 www. lovegroverepucci. com 进行调研。

(二)美国 Lovegrove and Repucci 公司调研报告

美国 Lovegrove and Repucci 公司(公司网址：www. lovegroverepucci. com)合作分析报告。

1. 公司简介

公司由 Lovegrove 和 Repucci 先生合作，成立于 2003 年。他们致力于打造生活与经验相结合的品牌和产品，业务覆盖美国、英国和欧洲等。该公司是一家从事品牌设计和时尚产品开发的设计公司，主要为餐厅、酒店、旅行社等机构提供各类设计产品。

2. 业务介绍

Lovegrove and Repucci 公司主要的业务有家具产品设计、室内环境设计以及品牌发展设计等；公司也与大型广告公司及创业企业合作，协助设计代表其品牌概念的产品，包括品牌推广等，如图 5-3、图 5-4 与图 5-5 所示。

①环境设计

图 5-3　环境设计

②餐厅设计

图 5-4　餐厅设计

③品牌发展

图 5-5　Lovergrove and Repucci 的产品图

3. 联系方式

(1)908-832-2518 (2)908-832-2518

4. 合作机会分析

①建议合作方式为OEM,由设计师提供设计样稿,我方代为加工设计;

②或由设计师提供产品,我方在国内经销。

5. 公司综合评价

公司规模小,但发展前景大,最好能直接与客户进行联系;由于公司规模小,注意收汇风险。

二、国际调研的基本流程

要进入一个产品的国际市场,不能省略国际市场调研环节。可能很多人都不怎么关注市场调研这个问题,而一直停留在只关注怎样找到客户、怎样和客户达成交易、怎样在交易中赚钱的层面上。很多人一直无法找到解决这些问题的方法,是因为他们只知道他们需要什么,而不知道怎样才能够满足他们所需要的,或者说通过什么途径才能够帮助他们更加快速地解决这些难题。对国际市场的调研恰恰可以帮助他们找到解决问题的方法。

(一)国际市场调研

国际市场调研是指运用科学的调研方法与手段,系统地收集、记录、整理、分析有关国际市场的各种基本状况及其影响因素,以帮助企业制定有效的市场营销决策,实现企业的经营目标。在现代营销观念的指导下,应以满足消费者需求为中心,研究产品从生产领域到消费领域的全过程。

从国际贸易商品进出口角度看,国际市场调研主要包括国际市场环境调研、国际市场商品情况调研、国际市场营销情况调研、国外客户情况调研等。

1. 国际市场环境调研

企业开展国际商务进行商品进出口,如同军队作战首先需分析地形,了解作战环境一样,需先了解商务市场环境,做到知己知彼,百战不殆。企业对国际市场环境调研的主要内容有:

①国外经济环境。包括一国的经济结构、经济发展水平、经济发展前景、就业情况、收入分配等。

②国外政治和法律环境。包括政府结构的重要经济政策,政府对贸易实行的鼓励或限制措施,特别是有关外贸方面的法律法规,如关税、配额、国内税收、外汇限制、卫生检疫、安全条例等。

③国外文化环境。包括使用的语言、教育水平、宗教、风俗习惯、价值观念等。

④其他。包括国外人口、交通、地理等情况。

2. 国际市场商品情况调研

企业要把产品打入国际市场或从国际市场进口产品,除需要了解国外市场环境外,还需要了解国外商品市场情况,主要有:

①国外市场商品的供给情况。包括商品供应的渠道、来源,国外生产厂家的生产能力、数量及库存情况等。

②国外市场商品的需求情况。包括国外市场对商品需求的品种、数量、质量等要求。

③国外市场商品的价格情况。包括国外市场商品的价格、价格与供求变动的关系等。

3. 国际市场营销情况调研

国际市场营销情况调研是对国际市场营销组合情况的调研，除上述已经提到的商品及价格外，一般还应包括：

①商品销售渠道。包括销售网络设立、批零商的经营能力、消费者的印象、售后服务等。

②广告宣传。包括消费者的购买动机，广告的内容、时间、方式、效果等。

③竞争分析。包括竞争者的产品质量、价格、政策、广告、分配路线、占有率等。

4. 国外客户情况调研

每个商品都有自己的销售（进货）渠道，销售（进货）渠道是由不同客户所组成的。企业进出口商品必须选择合适的销售（进货）渠道和客户，做好国外客户的调查研究。一般说来，商务企业对国外客户的调查研究主要包括以下内容：

①客户政治情况。主要了解客户的政治背景、与政界的关系、公司企业负责人参加的党派及对我国的政治态度。

②客户资信情况。包括客户拥有的资本和信誉两个方面。资本指企业的注册资本、实有资本、公积金、其他财产以及资产负债等情况，信誉指企业的经营作风。

③客户经营业务范围。主要指客户的公司、企业经营的商品及其品种。

④客户公司、企业的性质。指客户的公司、企业是中间商、使用户、专营商还是兼营商等。

⑤客户经营能力。指客户业务活动能力、资金融通能力、贸易关系、经营方式和销售渠道等。

（二）国际市场调研的主要方法——PEST 分析方法

PEST 分析是指对宏观环境的分析，P 是政治（Politics），E 是经济（Economy），S 是社会（Society），T 是技术（Technology）。在分析一个企业集团所处的外部环境的时候，通常是通过这四个因素来进行分析的。

1. 政治法律环境（P）

政治环境主要包括政治制度与体制、政局、政府的态度等；法律环境主要包括政府制定的法律、法规。

2. 经济环境（E）

构成经济环境的关键战略要素：GDP、利率水平、财政货币政策、通货膨胀率、失业率、居民可支配收入、汇率、能源供给成本、市场机制、市场需求等。

3. 社会文化环境（S）

社会文化环境中影响最大的是人口环境和文化背景，人口环境主要包括人口规模、年龄结构、人口分布、种族结构以及收入分布等因素。

4. 技术环境（T）

技术环境不仅包括发明，而且还包括与市场有关的新技术、新工艺、新材料的出现和发展趋势及其应用背景。

PEST分析方法通常采用矩阵式的方法，就是在坐标中分成四个象限。如以政治和经济两个标准为坐标，政治环境和经济环境都好的情况下，就应该发展；政治环境和经济环境都不理想的情况下，就不能发展；政治环境和经济环境一个好一个不太好时，就要适当考虑，可能发展也可能不发展。PEST分析通常用于企业外部环境分析。

案例5-2 **超级营销**

一个乡下来的小伙子去应聘城里"世界最大"的"应有尽有"百货公司的销售员。老板问他："你以前做过销售员吗？"他回答说："我以前是村里挨家挨户推销的小贩子。"老板喜欢他的机灵："你明天可以来上班了。等下班的时候，我会来看一下。"

一天的光阴对这个乡下来的穷小子来说太长了，而且还有些难熬。但是年轻人还是熬到了5点，差不多该下班了。

老板真的来了，问他说："你今天做了几单买卖？"

"一单。"年轻人回答说。

"只有一单？"老板很吃惊地说，"我们这儿的销售员一天基本上可以完成20～30单生意呢。你卖了多少钱？"

"30万美元。"年轻人回答道。

"你怎么卖到那么多钱的？"目瞪口呆，半晌才回过神来的老板问道。

"是这样的，"乡下来的年轻人说，"一个男士进来买东西，我先卖给他一个小号的鱼钩，然后中号的鱼钩，最后大号的鱼钩。

接着，我卖给他小号的鱼线，中号的鱼线，最后是大号的鱼线。

我问他上哪儿钓鱼，他说海边。

我建议他买条船，所以我带他到卖船的专柜，卖给他长20英尺有两个发动机的纵帆船。

然后他说他的大众牌汽车可能拖不动这么大的船。我于是带他去汽车销售区，卖给他一辆丰田新款豪华型陆地巡洋舰。"

老板后退两步，难以置信地问道："一个顾客仅仅来买个鱼钩，你就能卖给他这么多东西？"

"不是的，"乡下来的年轻售货员回答道，"他是来给他妻子买卫生棉的。我就告诉他你的周末算是毁了，干吗不去钓鱼呢？"

【提示】 营销关键不是等机遇，而是抓住机遇和把握机遇。

我认为____

____。

思考与练习

项目一：英语类国家国际企业调研

【活动目的】利用在线翻译网站对某个国际公司的英文网站进行细节翻译，撰写公司的调研报告。

【活动内容与要求】

1. 由学生自愿组成小组，每组6～8人。结合每组的商品，利用课堂时间，选择1～2个国外企业的网站进行调查；

2. 充分利用在线翻译网站，如 www.hao123.com/zxfy/等；

3. 也可以直接利用百度的在线即时翻译工具，如要调研 www.a-tt.dk/这个公司的相关信息，可以先在 fanyi.baidu.com 中输入公司网址，然后点击“翻译”按钮，目标语言选择“中文”，就可以实现在线即时翻译；

4. 详细调研该公司的信息后，撰写简单的调研报告。

【结果与检测】

1. 每人写一份简要的调研报告；

2. 调查访问结束后，组织一次课堂交流与讨论；

3. 以小组为单位，分别由组长和每个成员根据各成员在调研与讨论中的表现进行评估打分；

4. 由教师根据各成员的调研报告与在讨论中的表现分别评估打分；

5. 将上述诸项评估得分综合为本次活动成绩。

项目二：非英语类国家国际企业调研

具体操作方法与“项目一”类似。

参考网址：

一、国外公司调研，并撰写调研报告(英语类国家)

1. www.lovegroverepucci.com

2. www.brainscape.be

3. www.lelis.com.br

4. www.jmsewing.com

5. www.ambientbp.com

二、国外公司调研，并撰写调研报告(非英语类国家)

1. www.umsc.ru

2. www.kanzas.ua

第六章　网络贸易产品报价单制作

知识目标：

1. 网络贸易产品的报价原则
2. 网络贸易产品报价单的基本格式
3. 网络贸易产品报价的计算方法
4. 如何计算有国际竞争力的报价

能力目标：

1. 能根据网络贸易产品分析基本的价格组成
2. 能根据网络贸易产品制作规范的价格单
3. 能根据国际贸易中基本计算方式进行产品报价
4. 能根据客户的需求调整报价

第一节　产品的报价过程分析

任务 6-1

请先看两例真实的询盘

1. Inquire about 100% Silk Bedding Set

We are interested in information about the price of your silk products because we would like to import them, and whether you could send us a catalogue about your silk products.

Thank you.

Our best regards,

Giovanna and Claudia

2. Inquire about Silk Scarf

Dear Ms. or Mr.,

We want to buy the silk scarf, pls offer us the most favorable FOB price, MOQ, etc. with thanks!

The size of the silk scarf is 175cm × 35cm, and material can be SUZHOUDUAN or others.

Looking forward to hearing from you soon.

Best regards.

【提示】国际贸易与国内贸易相比，网上交流成为主要的信息交流方式，几乎 90%以上的买方询盘都是关于产品价格的询问。因此，对产品价格和组成因素进行分析，是非常重要的。

通过审核以上的询盘，我们认为____
____。

一、国际贸易术语简单回顾

国际贸易术语如表 6-1 所示。

表 6-1　国际贸易术语概述

<table>
<tr><th>特点</th><th>名称</th><th>交货地点</th><th>运输/保险</th><th>风险转移</th><th>出口</th><th>报关</th><th>进口清关</th></tr>
<tr><td>EXW</td><td>Ex-works
卖方工厂交货</td><td>named place of delivery
指定交货地点</td><td>买方</td><td>卖方工厂交付</td><td colspan="2">买方</td><td>卖方工厂交货，不负责装货</td></tr>
<tr><td>FCA</td><td>Free Carrier
货交承运人</td><td>named place of delivery
指定交货地点</td><td rowspan="3">买方</td><td>交付承运人</td><td rowspan="3">卖方</td><td rowspan="3">买方</td><td rowspan="3">装运合同，运费未付，负责交货前装货</td></tr>
<tr><td>FAS
水运</td><td>Free Alongside Ship 装运港船边交货</td><td>named port of shipment
指定装运港</td><td>装运港船边交付</td></tr>
<tr><td>FOB
水运</td><td>Free On Board
装运港船上交货</td><td>named port of shipment
指定装运港</td><td>装运港船上交付</td></tr>
<tr><td>CFR
水运</td><td>Cost and Freight
成本加运费</td><td>named port of destination
指定目的港</td><td>买方</td><td rowspan="2">装运港船上交付</td><td rowspan="2">卖方</td><td rowspan="2">买方</td><td rowspan="2">装运合同，运费已付。若卖方按照运输合同在目的港交货点发生卸货费用，除非双方事先约定，否则卖方无权要求买方偿付</td></tr>
<tr><td>CIF
水运</td><td>Cost, Insurance and Freight
成本加保险费加运费</td><td>named port of destination
指定目的港</td><td>卖方</td></tr>
</table>

二、合理使用各种报价方法核算

假设现在有一个价格询盘

Subject: Inquiry about Spiderman Series Wear

Dear Sir,

We are interested in your boy's T-shirt and we want to purchase from you if everything works out fine.

We're the leading provider of children's wear to volume retailers, and also distribute to department stores and specialty retailers. The quantity of child-related products we import from overseas exceed thousands of containers.

Please send us your best prices CFR New York of your boy's T-shirt, along with comprehensive referential info regarding the pricing.

Regards

Gerber Children's wear LLC

David Anderson

83 Gerber Road West South Windsor, CT 06074 USA

Tel：860-644-1551

www. gerberchildrenswear. com

(一)出口价格构成

国际贸易中的价格主要是由成本、费用、利润三部分构成的。

1. 成本(Cost)

成本是整个价格的核心。它是出口企业或外贸单位为出口其产品进行生产、加工或采购所产生的生产、加工或采购成本，我们通常称之为含税成本。

2. 费用(Expenses/Charges)

出口报价中的费用主要有国内费用和国外费用两部分。其中国内费用主要包括包装费、仓储费、国内运输费、认证费、港口费、商检报送费、捐税、购货利息、经营管理费、银行费用等；国外费用包括出口运费、出口保险费、佣金等。

3. 利润(Expected Profit)

利润是指企业销售产品的收入扣除成本价格和税金以后的余额。在不同的社会条件下，利润的内涵不同，体现的社会关系不同。

(二)出口报价核算要点

出口报价核算包括以下要点：

1. 成本核算

一般来说，人们掌握的成本是采购成本或含税成本，即包含增值税的成本。但很多国家为了降低出口商品的成本，增强其产品在国际市场的竞争力，往往对出口商品采取增值税全部或部分退还的做法。在实施出口退税制度情况下，在核算出口商品价格时，就应该将含税的采购成本中的税收部分根据出口退税比率予以扣除，从而得出实际采购成本。因为：

实际采购成本＝含税成本－退税收入

不含税价＝含税价/1. 17

退税收入＝含税成本×出口退税率/(1＋增值税率)

由此得出实际采购成本的公式：

实际采购成本＝含税成本×[1－出口退税率/(1＋增值税率)]

例如：

①某产品的出厂价是 10 元，增值税率是 17%，那么，含税成本＝10×(1＋17%)＝11. 7 元。

②某产品每单位的购货成本是 28 元，其中包括 17%的增值税，若该产品出口有 13%的退税，那么该产品每单位的实际采购成本＝含税成本×[1－出口退税率/(1＋增值税率)]＝

28×[1−13%/(1+17%)]=24.89元。

2. FOB价格五要素

FOB价格计算公式如下：

FOB=产品含税价格+国内费用+利润−出口退税

①产品含税成本=不含税价格×1.17

②国内费用包括：

· 样品费

· 认证费(包括商检费、公证费、领事签证费、产地证费、许可证费、报关单费等)

· 装船费(装船、起吊费和驳船费等)

· 港杂费(港口发生的人民币费用，包括报关、换单、THC(集装箱码头作业费)、港口费、提重、回空、掏箱等费用)

· 内陆运费(运输至码头产生的费用)

· 保险费

· 银行费用(贴现利息、手续费等)

· 代理费(佣金)、ETC(电子不停车收费系统)等

③利润

④出口退税(Export Rebates)

出口退税指对出口货物退还其在国内生产和流通环节实际缴纳的产品税、增值税、营业税和特别消费税。出口货物退税制度是一个国家税收制度的重要组成部分。出口退税主要通过退还出口货物在国内已缴纳税款来平衡国内产品的税收负担，使本国产品以不含税成本进入国际市场，与国外产品在同等条件下进行竞争，从而增强竞争能力，扩大出口创汇。增值税发票是退税的前提。

退税的计算公式为：退税额=产品含税成本/1.17×退税率

案例6-1

品名：boy's vest(Style No. 106. 306) 海关编码：6207910012

退税率：16%

退税额：21.1/1.17×16%=RMB 2.885

相关资科参考：

· 准确的海关编码/商品代码(H. S. CODE)

准确的海关编码详见 china-customs. com/customs-tax

· 准确的退税率

准确的退税率详见 www. chinatax. gov. cn

⑤汇率(Foreign Exchange Rates)

汇率亦称“外汇行市或汇价”，即一国货币兑换另一国货币的比率，是以一种货币表示的另一种货币的价格。由于世界各国货币的名称不同，币值不一，所以一国货币兑换其他国家的货币要规定一个兑换率，即汇率。

例如，一件价值100元人民币的商品，如果美元兑人民币汇率为7.0，则这件商品在国

际市场上的价格就是 14.29 美元。如果美元兑人民币汇率涨到 7.5，也就是说美元升值，人民币贬值，则该商品在国际市场上的价格就是 13.33 美元。商品的价格降低，竞争力增强，从而刺激该商品的出口。反之，如果美元兑人民币汇率跌到 6.5，也就是说美元贬值，人民币升值，则该商品在国际市场上的价格就是 15.38 美元。高价商品肯定不好销，必将打击该商品的出口。

现在你应该明白为什么人民币升值会大大增加中国出口商品在国际市场上的成本，降低中国商品的竞争力，并反过来刺激中国大量进口其他国家的商品了。同时你也应该明白，在亚洲金融危机时，为什么说中国坚持人民币不贬值是对国际社会的重大贡献了。如果人民币贬值，其他国家的金融危机将更严峻！

汇率查询网站为：www.boc.cn/sourcedb/whpj。

案例 6-2

品名：boy's vest(Style No. 106.306)

成本价格：RMB 21.10/pc；

国内费用：5％；

毛利：15％；

海关编码：6207910012；

退税率：16％；

汇率：USD 100＝RMB 631.83。

【问题】请计算出 FOB Shanghai 的价格？

【提示】

- 成本：RMB 21.10/pc
- 国内费用(5％)：21.10×5％＝RMB 1.055
- 退税(16％)：21.10/1.17×16％＝RMB 2.885
- 毛利(15％)：21.10×15％＝RMB 3.165
- 汇率：USD 100＝RMB 681.83
- FOB Shanghai：(21.10＋1.055－2.885＋3.165) /6.8183＝USD 3.29/pc

案例 6-3

某公司收到爱尔兰公司求购 6000 双童鞋(一个 40 英尺集装箱的容量)的询盘，要求报出 FOB Shanghai 的价格，经了解：

①每双童鞋的进货成本为人民币 90 元(含增值税 17％)；

②要求毛利润率为 5％；

③国内运杂费共计 12000 元；

④出口商检费 350 元，报关费 150 元，港区港杂费 900 元，还有其他各种费用 1500 元；

⑤出口童鞋的退税率为 14％；

⑥汇率为 1 美元＝6.3 元人民币。

【问题】计算 FOB Shanghai 的价格。

【提示】FOB Shanghai：(90＋2.48－10.77＋4.5) /6.3＝USD 13.684

3. CFR 价格

CFR 价格计算公式如下：

CFR 价格＝FOB 价格＋海运费

海运费按照班轮运价表的规定计算，为垄断性价格。不同的目的港、不同的轮船公司有不同的运价表，但都是按照各种商品的不同积载系数、不同的性质和不同的价值结合不同的航线加以确定的。海运费价格包括基本费率(Basic Rate)和附加费(Surcharges)。

①基本费率是指每一计费单位(如每吨、每立方米)货物收取的基本运费，基本费率有等级费率、货种费率、从价费率、特殊费率和均一费率之分。

②附加费是指为了保持在一定时期内基本费率的稳定，又能正确反映出各港口的各种货物的航运成本，班轮公司在基本费率之外，又规定的各种费用。具体介绍如下：

燃油附加费(BAF/FAF：bunkar adjustment factor/fuel adjustment factor)：可能含在运费中，也可能被单列出来，一般随海运费付，即海运费预付则预付，海运费到付则到付。依各航线不同而不同，同一航线因时间不同而不同，需同船公司或者承运人确认，但在一定时期内同一航线上相对固定。

紧急燃油附加费(EBS：emergency bunkar surcharge)：可能含在运费中，也可能被单列出来，一般随海运费付，即海运费预付则预付，海运费到付则到付。依各航线不同而不同，同一航线因时间不同而不同，需同船公司或者承运人确认，但在一定时期内同一航线上相对固定。

战争附加费(WRS：war risk)：对于战争或有战争威胁国家和地区的港口所加收的临时费用，标准不尽相同。可能含在运费中，也可能被单列出来，一般随海运费付，即海运费预付则预付，海运费到付则到付。在没有战争威胁的情况下可能会被取消。

一般性涨价(GRI：general rate increase)：一般性涨价属于季节性运费普调，不计算在附加费之列，列入海运费成本，随海运费一起支付。

旺季附加费(PSS：peak season surcharge)：在出货旺季，船公司加收旺季附加费，以期削减货主上货，缓解货载压力，一般随海运费支付。

4. 运费的一般计算公式

(1)高箱运费 HQ/HC 计算

①HQ Rate 与 40' DC Rate 相同

②HQ Rate＝40' DC×1.125(加收 12.5％)

③HQ Rate＝40' DC＋USD 50(或 USD 100 或 USD 150 或 USD 200)

(2)危险品 Hazardous cargo/ Dangerous cargo 运费计算

①基本运费×1.3(加收 30％的费用)

②加收一个固定值(因航线船公司而异)

案例 6-4

ABC Garments&Accessories Co.，Ltd 接到如下的询盘：

Subject：Inquiry about Spiderman Series Wear

Dear Sir,

We are Arrabon, a trading company in Cyprus. We are interested in your products and we want to make business relation with you. Please send us your rock bottom prices CFR Limassol for all references of Boy's T-shirt. Please mention about the fabric.

Regards

品名：boy's vest(Style No. 106.306)

成本价格：RMB 21.10/pc

国内费用：5%

海关编码：6207910012

退税率：16%

汇率：6.8183

装箱资料：One hanger+poly bag per pc, 18 pcs per carton-box, an inner-cover-card board per carton-box, carton size: 42×39×30(cm)

【问题】CFR Limassol, Cyprus

【提示】

- 国内费用(5%)：21.10×5%=RMB 1.055
- 退税(16%)：21.10/1.17×16%=RMB 2.885
- 利润(15%)：21.10×15%=RMB 3.165
- 汇率：USD 100=RMB 681.83

FOB Shanghai：(21.10+1.055−2.885+3.165)/6.8183=USD 3.29/pc

海运费：以20'GP集装箱为例，下面具体介绍。

长×宽×高(内径)：5.9×2.35 ×2.38 (m)

包装尺寸：长×宽×高为42×39×30(cm)或0.42×0.39×0.3 (m)

长：5.9/0.42=14

宽：2.35/0.39=6

高：2.38/0.3=7

- 数量：14×6×7=588(箱)
- 每箱装18件，总计588×18=10584(件)
- 查询运费：(http://www.webcargo.com)上海-Limassol, Cyprus USD 900
- 运费：900/10584=USD 0.085

CFR=FOB+Freight

=USD 3.29+USD 0.085

=USD 3.375/pc

USD 3.375 pc CFR Limassol, Cyprus(单价CFR 3.375美元，Limassol, Cyprus)

案例 6-5

Product Name: Baby's Pant(Cotton)

①成本价格：RMB 14.20/pc(送货至上海港口的含税单价)

②订单数量：5000 pcs

③包装：50 pcs /carton-box

④包装箱尺寸:400×300×250(mm)

⑤海运费:USD 1000/20' GP:

USD 80/CBM(min: 1 CBM,含 local charge)

⑥退税率:16%

⑦利润率:15%

⑧汇率:6.8183

【问题】CFR Melbourne

【提示】CFR Melbourne: USD 2.158/pc

案例 6-6

商品 06001,增值税率为 17%,退税率为 13%,每箱体积为 0.2058 立方米。报价数量为 7260 只,FOB 报价金额为每只 4 美元,采购成本为每只 21 元,报检费 120 元,报关费 150 元,内陆运费 2492.8 元,核销费 100 元,银行费用 601.92 元,公司综合业务费 3000 元。外币汇率为 6.81 元人民币兑 1 美元。

【问题】试计算该笔 FOB 报价的利润额。

【提示】利润额为 55777.68 元。

案例 6-7

请计算以下产品的价格:CFR Hamburg(运输方式:空运)

Product Name: Down Jkt(羽绒服)

Style No. KW3102

成本价格(送货至上海港口的含税单价):RMB 234.0/pc

订单数量:1000 pcs

包装:10 pcs/ctn

GW.(毛重):7kg/ctn

包装箱尺寸:45×40×30(cm)

空运费:USD 4.0/kg

退税率:16%

利润率:15%

汇率:6.8183

【提示】CFR Hamburg=FCA+Freight=USD(34.75+3.6)=USD 38.35/pc

5. CIF 价格(到岸价)

CIF 价格计算公式如下所示:

CIF 价格=FOB 价格+海运费+海运保险费

保险费=保险金额×保险费率

保险金额=CIF 货价×(1+保险加成率)

CIF 价格=CNF/[1-(1+保险加成率)×保险费率]

海运保险费(insurance of ocean transportation)是指海洋运输保险的基本险,包括平安险、水渍险和其他一切险。按照国际保险市场的习惯做法,出口货物的保险金额一般按 CIF

货价另加 10%计算，这增加的 10%叫保险加成，也就是买方进行这笔交易所付的费用和预期利润。

保费＝货值×1.1×0.0008

6. 运费核算

运费核算一般是计算每一个个体商品的运费。运费＝总运费/[(柜体积/每一个大箱体积)×每箱数]。

第二节　制作一份专业的产品报价单

任务 6-2　　**报价单的比较分析**

We are looking for environment suppliers of bamboo fiber towels in sizes 50×100(cm), 70×140(cm) and 100×150(cm); 100% bamboo and weight between 500 and 600 g/m^2. Please send information about MOQ, prices C&F Denmark and perhaps some pictures of your products.

参考报价单：

Dear Mr. Jens Oestergaard:

Sorry for the late reply because I was out of my office for these days.

Thank you for your enquiry and thank you for your interest in our bamboo fiber towels.

Attached is our price list for your reference.

Looking forward to your reply.

Thank you very much.

Best wishes

Tony Pan

HUZHOU CITY XIANGSHUN TRADING CO.,LTD.

ADD: 1188 Longxi North Road, Huzhou, Zhejiang, China

TEL: 0086-572-2602808　　FAX: 0086-572-2100344

Tony Pan　　MOB: 0086-13819286987

PRICE　LIST

Item No.	Size(cm)	Weight(g)	Unit price (FOB Shanghai)	MOQ	Material
NO. 1	50×100	250	2.82	1000	100% bamboo fiber
NO. 2	70×140	490	5.53	1000	100% bamboo fiber
NO. 3	100×150	750	8.46	1000	100% bamboo fiber

These prices do not contain the prices of separate packing material.

HUZHOU CITY XIANGSHUN TRADING CO. ,LTD.

ADD：1188 Longxi North Road，Huzhou，Zhejiang，China

TEL：0086-572-2602808　　FAX：0086-572-2100344

Tony Pan　　MOB：0086-13819286987

PRICE　LIST

Item No.	Size(cm)	Weight (g/m^2)	Unit price(USD) (FOB Shanghai)	MOQ	Material
NO. 1	50×100	500～600	2. 82～3. 38	1000	100% bamboo fiber
NO. 2	70×140	500～600	5. 53～6. 64	1000	100% bamboo fiber
NO. 3	100×150	500～600	8. 46～10. 15	1000	100% bamboo fiber
These prices do not contain the prices of separate packing material.					

请问：哪一份报价单更加合理，为什么？

一、一份专业报价单的基本要素

1. 报价单的表头(Head)

①卖家基本资料：工厂标志(Factory Logo)、公司名称(Company)、详细地址(Detailed Address)、邮政编码(Postcode)、联系人姓名(Contact)、职位名称(Job Title)、电话号码(Telephone No.)、传真号码(Fax No.)、手机号码(Mobile No.)、邮箱地址(E-mail Address)、聊天方式(Messenger Online)、公司网址(Website Address)。

②买家基本资料：工厂标志(Factory Logo)、公司名称(Company)、详细地址(Detailed Address)、邮政编码(Postcode)、联系人姓名(Contact)、职位名称(Job Title)、电话号码(Telephone No.)、传真号码(Fax No.)、手机号码(Mobile No.)、邮箱地址(E-mail Address)、聊天方式(Messenger Online)、公司网址(Website Address)。

③报价单的抬头：报价单标题(Quotation/Quotation Form/Price List)、参考编号(Reference No.)、报价日期(Date)、有效日期(Valid Date)。

2. 产品基本资料(Product's Basic Information)

序号(No.)、货号(Item No.)、型号(Type)、产品名称(Product's Name)、产品图片(Photo)、产品描述(Description)、原材料(Materials)、规格(Specification)、尺寸(Size)、长度(Length)、宽度(Width)、高度(Height)、厚度(Thickness)、管径(Tube's Diameter)、口径(Caliber)、形状(Shape)、外观颜色(Colors)、光源类型(Type of Lamp-house)、光源数量(No. of Lamp-house)、光源颜色(Colors of Lamp-house)。

3. 产品技术参数(Product's Technical Parameters)

①电力类产品技术参数：电流、电压、电阻、电弧、功率、频率、负载等。

②光源、光学类产品技术参数：光源类型、光源功率、中心光强、色度、光通量、光中心高度、发光颜色、流明维护系数、有效光照范围、发光效率、光源色粉、波长、色轮型号、照明面积、日照时间、阴雨天数等。

③机械、力学类产品技术参数：结构、封装形式、结构高度、连接结构标记、分断能力、安装形式、可插拔次数、耐压特性、耐压强度、插拔力、零插拔力、拉伸强度、抗张强度等。

④热学类产品技术参数：色温、最低启动温度、耐温性、环境温度、耐热温度、环境湿度。

⑤加工工艺、防护性能类产品技术参数：表面处理、导电体材质、屏蔽壳材质、基材、胶系、阻燃性、防护等级、防火等级、防潮等级、防水等级等。

⑥配件类产品技术参数：灯头、灯座、保险丝、镇流器、变压器、灯罩、玻壳、灯管、支架、外壳、壳体、灯盘、灯杆、套管等。

⑦产品使用寿命：平均使用寿命、机械寿命、电寿命等。

⑧用途及使用范围：适用范围、车灯适用车型、主要用途等。

⑨玻璃纤维布技术指数：组织结构、用纱牌号、断裂强度、透气性、颜色、卷装等。

4. 价格条款(Price Terms)

贸易方式(EXW,FOB,CFR,CIF)、装运港/目的港(Loading Port/Destination Port)、货币种类、中银汇率(Currency, Exchange Rate)、单位价格、货币单位(Unit Price/PC,Unit)

例一:FOB Zhongshan Port USD 4.58USD/PC(1USD=8.0350RMB)

离岸价(中山装运港船上交货,单价 4.58 美元/支,汇率:1 美元=8.0350 元)

例二:CFR Zhongshan Port USD 4.58USD/PC (1USD=8.0350RMB)

成本加运费(中山装运港船上交货,单价 4.58 美元/支,汇率:1 美元=8.0350 元)

例三:CIF New York Port USD 4.58USD/PC(1USD=8.0350RMB)

成本加运费加保险费(中山装运港船上交货,单价 4.58 美元/支,汇率:1 美元=8.0350 元)

例四:EXW Shenzhen Techone Tech Co.,Ltd. RMB 36.8003/PC

工厂交货价(深圳电王科技有限公司交货,单价 36.8003 元/支)

5. 数量条款(Quantity Terms)

按整柜(20',40',40HC,45HC)提供报价

按最小订单量(MOQ,Minimum Order Quantity)提供报价

按库存量(QTY. in Stock)报价

20 Container,40 Container,40HC,45HC

20 英尺货柜,40 英尺货柜,40 英尺高柜,45 英尺高柜

MOQ：500 pcs/Design,500 pcs/Item

最小订单量:500 支/款

QTY. in Stock：5000 pcs

库存数量:5000 pcs

More or less clause：at 5%

短溢缺条款备品数量:5%

6. 各类货柜的内容积、配货毛重、体积对比

序号	货柜类型	内容积(英尺)	内容积(米)	配货毛重(吨)	体积(立方米)
01	20 英尺货柜	20×8×8,6 寸	5.69×2.13×2.18	17.5	24～26
02	40 英尺货柜	40×8×8,6 寸	11.8×2.13×2.18	22	54
03	40 英尺高柜	40×8×9,6 寸	11.8×2.13×2.72	22	68
04	45 英尺高柜	45×8×9,6 寸	13.58×2.34×2.71	29	86

Total 100 CTNS, 200 pcs/CTN, Outer Carton's Measure: 48 × 28 × 36, 24 Inner Boxes/CTN

总共 100 箱,每箱 200 支,外箱尺寸:48×28×36 厘米,24 个内盒/外箱

Inner Box's Measure: 5×3×2,12 pcs/Inner Box

内盒尺寸:5×3×2 厘米,12 支/内盒

Net weight,Gross weight,APN No. ,Bar Code,Bicolor,RGB,CMYK

产品净重,产品毛重,产品代码,条形码,双色,三色,四色

Carton's Main/ Side Shipping Mark

外箱正唛/侧唛

7. 支付条款(Payment Terms)

Sight L/C,Usance L/C

即期信用证,远期信用证

Revocable L/C,Irrevocable L/C

可撤销信用证,不可撤销信用证

Documentary L/C,Clean L/C

跟单信用证,光票信用证

Transferable L/C,Untransferable L/C

可转让信用证,不可转让信用证

T/T,Telegraphic Transfer

电汇

Balance,Total Sum,Deposit/Earnest/Earnest Money

余额,总金额,定金

30% paid for deposit by T/T before production arranged,the balance to be paid before shipment

在开始投入生产前通过电汇方式预付 30%,余款在装运前付清

Payment by L/C 90 days,CIF L/C 90 days

90 天信用证付款,成本加运费加保险费贸易方式下 90 天信用证付款

Payment by Sight L/C

通过即期信用证付款

8. 质量条款(Quality Terms)

检验检疫局:法定检验、商品鉴定、质量认证认可、出口质量许可、出入境检验检疫标志、普惠制原产地证 FORM A,一般原产地证 C/O。

国家质检总局:主管质量监督的最高行政执法机关,主管检验检疫工作的最高行政执法机关。

检验内容:包装检验、品质检验、卫生检验、安全性能检验。

检验分类:内地检验、口岸检验、预先检验、出口检验。

产品质量认证:

中国:CCC,CB,CQC

欧盟:CE,LVD,EMC
英国:BSI
德国:GS,VDE,TUV
美国:UL,ETL
意大利:IMQ,IG
北欧四国:N-NEMKO,D-DEMKO,F-FIMKO,S-SEMKO,S-N-FI-D
比利时:CEBEC
法国:NF
荷兰:KEMA-KEUROVEBSISGS,S-BBJINMETRO/UC
阿根廷:SMARKPSBGOST-GOSSTANDARDSAAC-TICKIndi. SIISASO
日本:NKKK,PSEKT,KTL,EK MARK

9. 装运条款(Shipment Terms)

若港口名重名,则注明所在国家或地区
若无法确定港口,则由买家选择港口
Shipping Date,Time Limit,Time of Shipment
装运日期、装运期限、装运时间
Departure Port,Destination Port,Loading Port,Unloading Port,Transferring Port
起运港、目的港、装运港/装货港、卸货港、转运港
Shipping in Batches/Partial Shipment, Transshipment
分批装运,转船
By Air,By Sea,Goods in Bulk,Full Container
航空、航海、散货、整装柜

10. 交货期条款(Delivery Time Terms)

Order Confirmed
订单被确定
Mould's Expenses,Prepare the Moulds
模具费用,准备模具
Confirm the Samples before Production, Begin to Produce
生产前确定样品,开始投产
Pay the Deposit in Advance,Pay the Balance
预付定金,支付余款
Deliver the Goods/the Time of Delivery Time: 30 days after Receipt of Deposit
交货期:在收到预付款后 30 天之内交货
Delivery Time: 30 Days after the Confirmation of the Order
交货期:在订单确认后 30 天之内交货
Delivery Time: 30 days after the Confirmation of Pre-production Samples
交货期:在生产前样品确定后 30 天之内交货

11. 品牌条款(Brand's Terms)

OEM, Use the Brand Appointed by the Customer

贴牌加工，使用客户自己的品牌或由其指定的其他品牌

Use the Factory's Own Brand

使用工厂自己的品牌

12. 原产地条款(Origin Terms)

C/O(Certificate of Origin), FORM A

普通原产地证，普惠制原产地证

Origin Place, Made in China

原产地，中国制造

13. 报价单附注的其他资料(Others)

①工商营业执照、被批准开业证件副本；

②国税局税务登记证；

③企业法人代码证书；

④质量检验报告、质量鉴定报告；

⑤产品质量认证、质量管理体系认证；

⑥荣誉证书、奖励证书；

⑦出口许可证；

⑧工厂规模：员工人数、工程技术人员人数、工厂面积；

⑨主营产品及月加工能力、新品推介、生产设备实力、品牌知名度；

⑩注明本次报价的时效性(非常重要)：30 天、60 天、6 个月(由于汇率的变动，出货的价格在一定时间内会有所浮动，所以有必要向客户提出时间的有效性，否则等到正式签订合同执行时再提价格，会使自己陷入诚信危机)。

上述各项是在为客户进行报价时所做的一个较全面的归纳，企业可根据实际的情况进行添加或删减。

二、出口报价的主要技巧

1. 报价方式的技巧

①对比式：可以使用对比的方式报出价格，如同一款式，列出不同材质或不同品牌的价格；

②图文式：采用图文并茂的方式；

③分析式：站在客户的角度，解析该价格的由来；

④分解式：把产品的价格组成进行分解，例如："这种高压锅的使用寿命至少是 10 年，即使是按 10 年计算，你一年只需花费 24 元，一个月才花 2 元钱。而在使用的过程中，你节省的做饭时间和燃料费用可要比这多得多……"

2. 与客户沟通的技巧

与客户沟通时应注意不要被买家的还价吓到或者为此生气。遇到买家一上来就把价钱

砍到一半的情况，有些工厂的业务员可能当时就蒙了，或者很生气，觉得这个买家根本就是无理取闹，于是丢下一句“sorry, the price is impossible for us”，搞得买家和自己都十分尴尬。在谈判时，最忌讳的就是用“I can't”“impossible”之类的不给自己留余地的话。无论在什么时候，都不要这么说。

第一点做到以后，接下来就是如何应付对方的还价了，这又分两种情况：

情况一：对方提出的价钱对工厂来说仍然是有利的；

情况二：对方提出的价钱根本没办法让你接受。

第一种情况虽然很少出现，但是遇到这种情况时，有的业务员非常直率，也不和买家争论一番，立刻就接受。殊不知，这样买家会觉得自己被欺骗了，他会先下一个非常小的订单，然后再把你的价格压到很低。所以，不如先把自己的高兴和得意藏起来，一板一眼地和他讨价还价，差不多时再接受。

第二种情况是较常见的，不同的人有不同的处理方法。这里举一个笔者认为非常成功的例子：一次，一个做计算机外设产品的工厂老板和笔者一起去见客人，客人听完报价后，如笔者所料地先砍了一半的价格，工厂老板很从容地拿出计算器、铅笔，开始从电路板到外壳用的铝板，一点点地算成本给这个客人看，让他明白成本实在是降不下来。虽然没有当场成交，但是想必这家工厂给客人留下了深刻的印象，之后与其签订了200万美元的订单。

要把握好客人的心理，最重要的一点就是任何人做任何事，接受任何价格，都是有理由的、符合逻辑的，摆事实、讲道理是谈判时的不二法则。所以，在谈判桌上，做任何承诺，都要有客观事实做基础，这样容易让人接受，且不要空口说大话，以致谈妥了却又无法履行。

思考与练习

项目一　如何进行丝绸类产品的出口价格核算

【活动目的】

1. 分析丝绸类产品的特点；

2. 能进行简单的出口价格核算。

【活动内容与要求】

1. 学生分组，每组选择一种简单的商品，进行现场分析；

2. 分析产品的基本信息，如规格、成分、主要功能等；

3. 通过网络查询产品的主要优势；

4. 通过阿里巴巴、中国制造网等贸易平台，群发邮件或与相关企业交流，了解产品的价格行情；

5. 对价格和网络上了解到的相关信息进行汇总；

6. 对所有报价的技术信息进行汇总分析；

7. 课外调研产品的工艺流程。

【成果与检测】

撰写简单的产品分析报告，进行评分。

项目二　如何进行竹类产品的出口价格核算

【活动目的】

1. 分析竹类产品的特点；

2. 能进行简单的出口价格核算。

【活动内容与要求】

1. 学生分组，每组选择一种简单的商品，进行现场感知；

2. 分析产品的基本信息，如规格、成分、主要功能等；

3. 通过网络查询产品的主要优势；

4. 通过阿里巴巴、中国制造网等贸易平台，群发邮件或与相关企业交流，了解产品的价格行情；

5. 对价格和网络上了解到的相关信息进行汇总；

6. 对所有报价的技术信息进行汇总分析；

7. 课外调研产品的工艺流程。

【成果与检测】

撰写简单的产品分析报告，进行评分。

第七章　跨境电商平台的简介与使用

知识目标：

1. 跨境电子商务的主要平台
2. 跨境电子商务的操作流程
3. 跨境电子商务的结算方式
4. 跨境电子商务的相关政策

能力目标：

1. 能够用敦煌网开设国际网络平台
2. 能够用阿里巴巴全球速卖通开设国际网络平台
3. 能够使用其他平台开设国际网店

第一节　跨境电商平台简介

一、跨境电子商务简介

跨境电子商务是指分属不同关境的交易主体，通过电子商务平台达成交易、进行支付结算，并通过跨境物流送达商品、完成交易的一种国际商业活动。按照作者的理解，跨境电子商务其实就是网络贸易中的小额贸易环节。这几年随着电子商务在外贸中的应用越来越广泛，传统的贸易方式逐步在向网络贸易或跨境小额贸易转型，这种形式就是目前非常热门的跨境电子商务的类型之一。

二、跨境电子商务的主要平台

按照宏观的跨境电子商务概念，跨境电子商务的平台可以进行如下分类。

(一)B2B 国际批发网站

1. 阿里巴巴国际站
2. 环球资源网
3. 中国制造网

(二)B2B 小额批发网站

1. 敦煌网
2. 兰亭集势
3. 大龙网
4. 阿里巴巴全球速卖通

(三)国际零售平台

1. 亚马逊

2. eBay

(四)国内零售平台

1. 天猫国际

2. 京东“海外购”

3. 苏宁易购“全球购”

(五)国内各城市自建的平台

国内各城市自建的跨境电商平台如表7-1所示。

表7-1 国内各城市自建的跨境电商平台

城市	上线时间	依托地	平台名	支付工具
郑州	2014年1月18日	郑州综合保税区(郑州航空港区)	万国优品 www.wgyp.com	
上海	2013年12月28日	上海自贸区上海浦东机场综合保税区	跨境通 www.kuajingtong.com	东方支付
杭州	2013年7月8日	中国(杭州)跨境贸易电子商务产业园	阿里巴巴全球速卖通 aliexpress.com	支付宝、俄罗斯QIWI、香港“缴费灵”
重庆	2014年1月	两路寸滩保港区	爱购保税 www.igetmall.net	易极付
宁波	2014年3月27日	宁波保税区	跨境购 www.ikjtao.com	银联在线支付
青岛	2014年3月		华唐商城 www.HTmall.com	
义乌	2013年10月21日	义乌小商品批发市场	义乌购 www.yiwubuy.com	PayPal、易宝支付

(六)依托政府部门建设的平台

1. 中国诚商网

2. 浙江省湖州市吴兴区国际电子商务应用平台

三、跨境电子商务的物流公司

跨境电子商务的物流公司包括:邮政速递EMS、三态物流、秀驿物流、卓志供应链、互联易、新加坡邮政、4PX递四方、燕文、淼信快递、斑马、DHL、顺丰国际、UPS、XRU.com(中俄国际)、俄速通、UCS、中远集团、转运中国、转运四方、泓明供应链、华邮、圆通国际、菜鸟、柯莱、英皇邮政、中环运、中外运、东方航空、天津航空、南方航空、环球易购商贸、笨鸟物流等。

四、跨境电子商务的国内外支付平台

跨境电子商务的国内外支付平台包括钱宝支付、深晖融信、快收钱、汇元通、Payoneer、易极付、中国工商银行、万事达、威士、银联国际、PayPal、易汇金、财付通、Global Collect、易宝支付、贝付、连连银通等。

第二节　DHgate 平台开国际网店

一、DHgate 平台简介

敦煌网(www.DHgate.com)是全球领先的在线外贸交易平台。其 CEO 王树彤是中国最早的电子商务行动者之一。她于 1999 年参与创立卓越网并出任第一任 CEO,2004 年创立敦煌网。敦煌网致力于帮助中国中小企业通过跨境电子商务平台走向全球市场,开辟一条全新的国际贸易通道,让在线交易变得更加简单、安全、高效。

敦煌网是国内首个为中小企业提供 B2B 网上交易的网站。它采取佣金制,免注册费,只在买卖双方交易成功后收取费用。据 PayPal 交易平台数据显示,敦煌网是在线外贸交易额中亚太排名第一、全球排名第六的电子商务网站,其在 2011 年的交易额达到 100 亿元人民币的规模。

二、DHgate 平台开国际网店的基本流程

敦煌网是聚集中国中小供应商,向国外众多中小采购商提供产品,进行有效采购服务的全天候国际网上批发交易平台。如果您是卖家,在敦煌网注册、验证、开店铺、发布产品、交易全免费;如果您是买家,那么注册不收费,购买时需要支付敦煌网一部分佣金。

(一)注册并通过认证

步骤是:进入注册页面—填写注册信息—手机验证并提交—邮件激活。

1. 注册入口

登录卖家首页:seller.DHgate.com,点击页面左上角的“免费注册”链接或者页面右侧“免费开店”按钮,进入注册页面,如图 7-1 所示。

图 7-1　敦煌网注册界面

2. 填写注册信息并提交

填写注册信息并提交，界面如图 7-2 所示。

图 7-2　填写注册信息界面

3. 手机和邮箱验证

注意不要忘记进行免费的邮箱验证和手机验证，只有通过邮箱和手机验证，您的产品才可以被全球买家看到，如图 7-3 所示。

图 7-3　手机和邮箱验证界面

在完善经营信息后，可进行邮箱验证，在点击“登录邮箱激活”后，注册邮箱会收到一封邮件；进行手机验证，选择“发送验证码”，你注册时所使用的手机会收到一个验证码。

(二)登录上架的产品

产品信息是包括文字和图片,详细的文字描述和清晰的图片更容易吸引买家的眼球。上传产品的步骤如下:

第一步:选择合适的产品分类;

第二步:填写详细的产品信息,包括产品描述信息、产品销售信息、其他信息,如图 7-4 所示;登录到“我的 DHgate”—“管理产品”—“添加新产品”页面,就可以上传新产品了。

图 7-4　填写详细的产品信息界面

1. 产品分类

可以手动选择目录,也可以输入关键词搜索目录。手动选择目录的方法是逐级选择目录,直到最后一级,同时下面会显示您已经选好的目录,如图 7-5 所示。

图 7-5　产品分类界面

关键词搜索目录的方法是在搜索框中输入您要搜索的单词(中文、英文均可)。当您点击"快速查找"之后,在结果栏会出现"所有分类"和"搜索结果"。您可以在"搜索结果"中选择您的产品分类,也可以重新回到"所有分类",同样下面也会显示您已经选好的目录,如图7-6所示。

图7-6　关键词搜索目录界面

2. 产品名称

产品名称要清楚、完整、形象。建议在关键词栏目中多填入一些买家在查找物品时可能输入的词语,最多可输入140个字符。如图7-7所示。

图7-7　产品名称界面

3. 产品基本属性

设置完整的产品属性有助于方便买家找到您的产品,如图7-8所示。

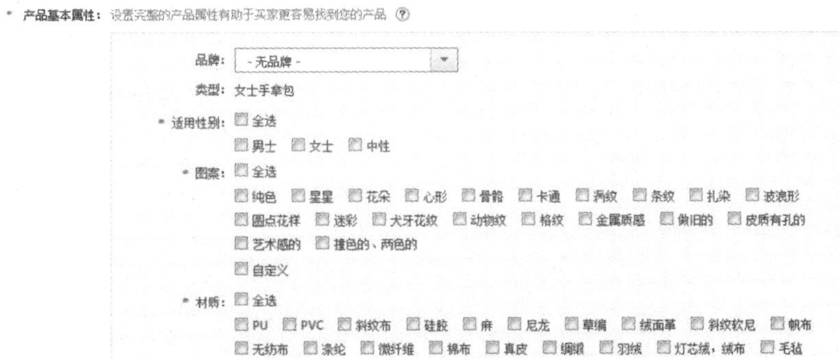

图 7-8　产品基本属性界面

4. 产品规格说明

这是对产品名称中不能体现的产品参数信息的补充，具体指产品的参数，如颜色等。这些信息对于买家选择产品很重要，请务必填写完整、详细，如图 7-9 所示。

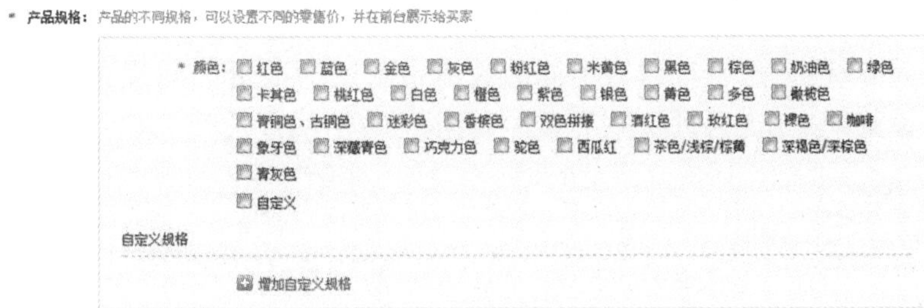

图 7-9　产品规格说明界面

5. 产品销售信息

①销售计量单位中会出现件、套等单位，如图 7-10 所示。

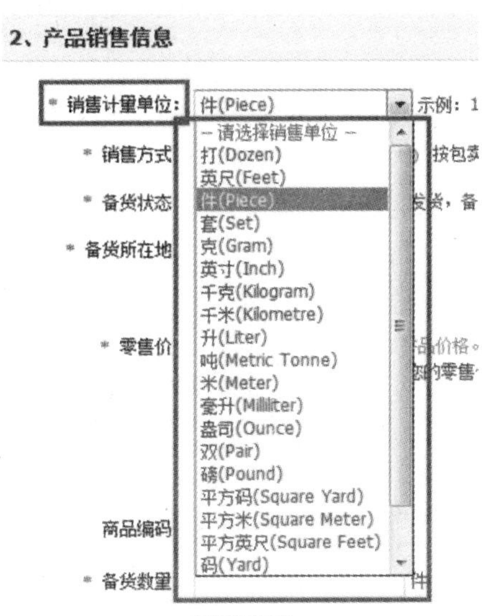

图 7-10　产品销售信息界面

②选择好单位后选择备货状态以及备货数量，如图 7-11 所示。

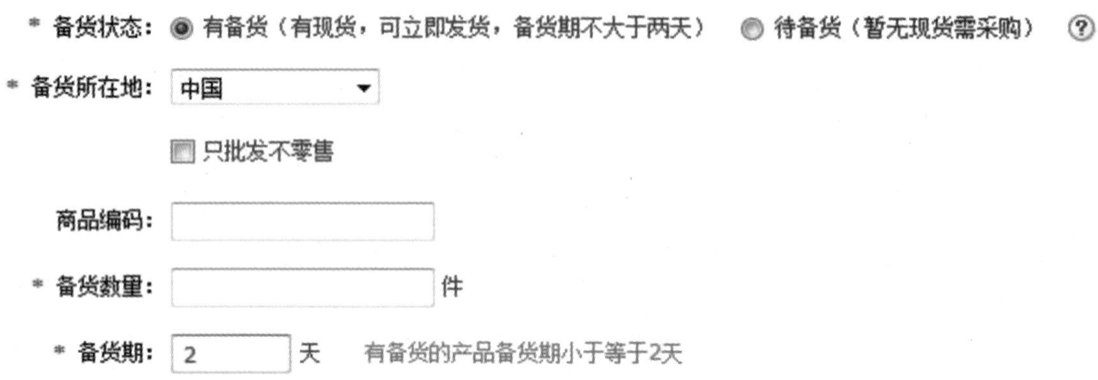

图 7-11　备货状态和数量界面

6. 价格设置

在敦煌网，您可以针对同一产品的不同数量区间，分别设置不同报价和交货期；如果同一产品还有不同的规格，您也可以对不同的规格在不同的数量区间设置各自的价格和交货期。零售价格设置则点击“只批发不零售”，如图 7-12 所示。

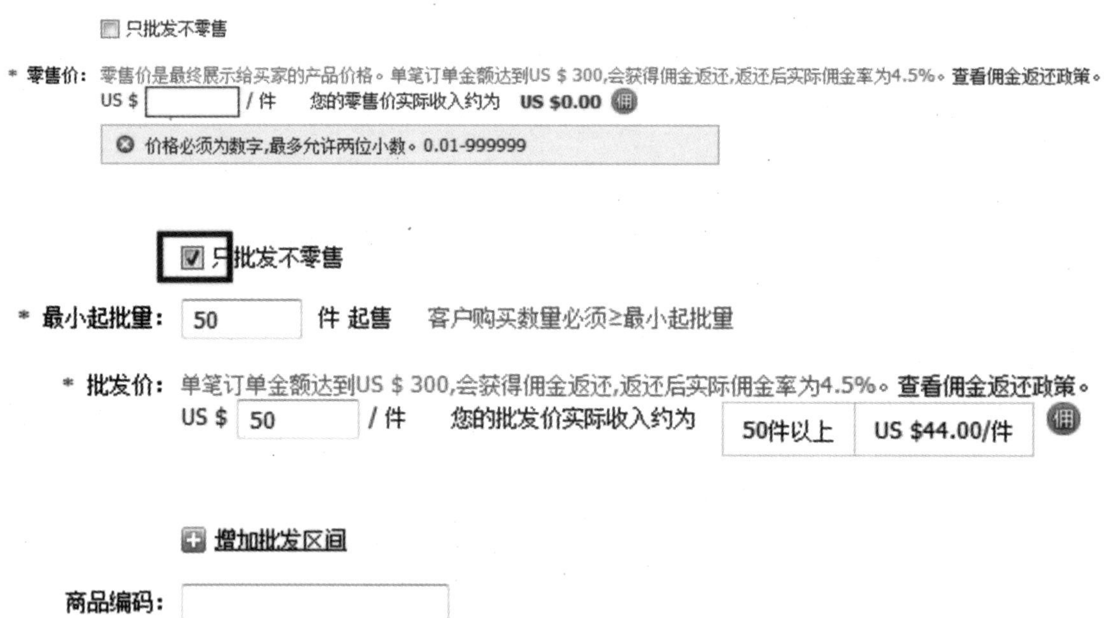

图 7-12　价格设置界面

7. 产品图片

用生动真实的图片展示您的产品，上传产品之前要将图片准备好，系统会自动生成水印防止他人盗用，如图 7-13 所示。

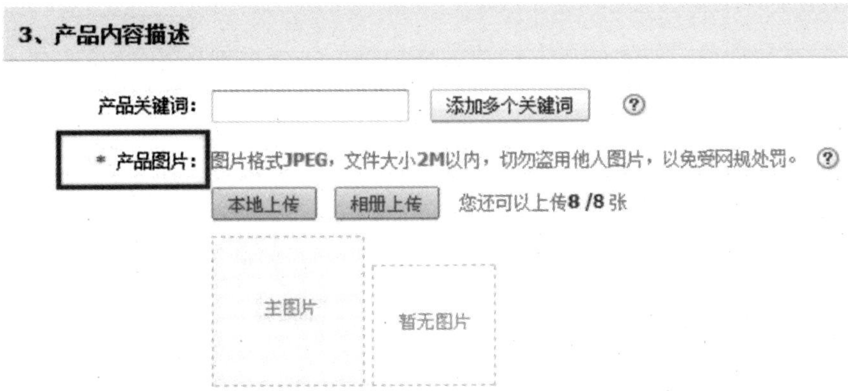

图 7-13　产品图片界面

点击“本地上传”，然后点击“上传”，如继续上传请点击“本地上传”，最多可以上传 8 张图片，如图 7-14 所示。

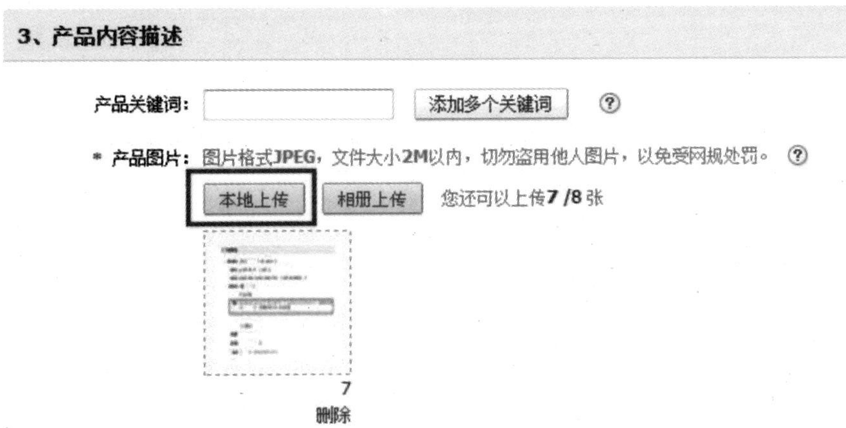

图 7-14　上传产品图片界面

图片上传后可以删除，如图 7-15 所示。

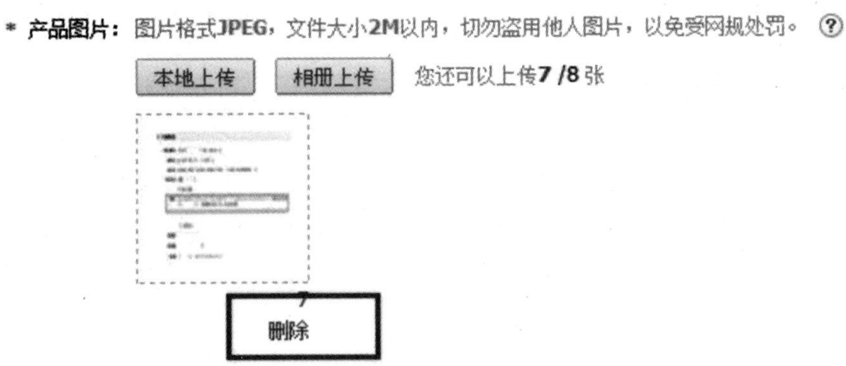

图 7-15　产品图片删除界面

8. 产品详细描述

把产品名称和规格说明未能提及的产品信息进一步详细地展示给买家，将买家比较关注的产品的特色、功能、服务、包装及运输信息等展示出来，让买家可以一目了然地了解尽可能多的产品相关信息。还可以通过一些个性化的描述展现卖家的专业性，如制作模板，分享敦煌网相关产品的站内链接，向买家展示更多的相关产品，进行促销，引起买家的兴趣（见图7-16）。详细描述可输入5万个字符，支持HTML语言。注意详细描述中不能出现敦煌网以外的链接，也禁止出现任何形式的联系方式，如邮箱、公司网址、Skype账号等。

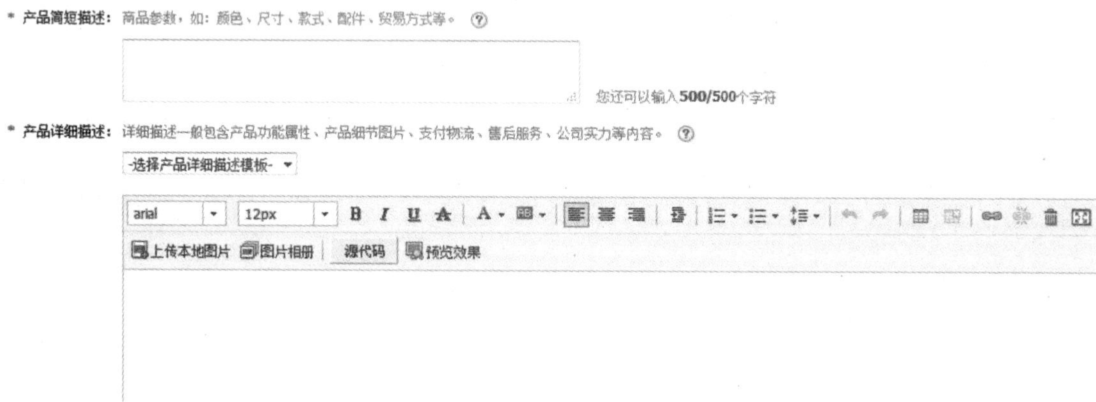

图 7-16　产品详细描述界面

9. 产品包装信息

在“包装后尺寸”栏中输入长、宽、高，如图7-17所示。

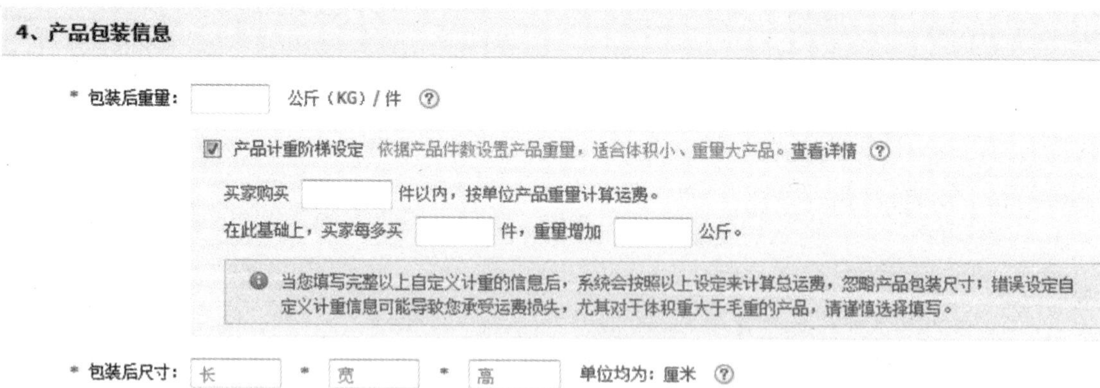

图 7-17　产品包装信息界面

10. 运费设置

可以通过“管理运费模板”进行运费的设置，如图7-18所示。

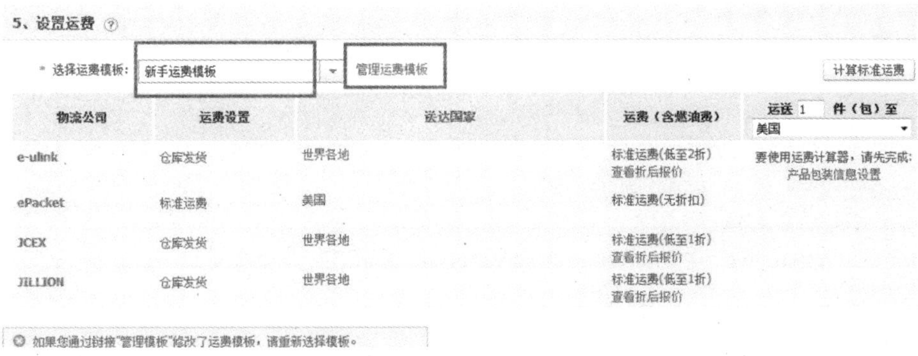

图 7-18　运费设置界面 1

敦煌网支持的快递公司有：EMS、UPS、DHL、FedEx、TNT、China Post Air、China Post SAL 等，如图 7-19 所示。

图 7-19　运费设置界面 2

设置运费包括标准运费和免运费。标准运费是敦煌网按照各物流服务提供商给出的官方报价计算运费。决定运费的因素通常为货物送达地、货物包装重量、货物体积重量等。免运费是指运费为零,可以选择免运费的国家或地区,敦煌网针对某些特定的国家或地区免运费。点击免运费后,就可以选择能免运费的国家或地区,如图 7-20 所示。

图 7-20　免运费设置界面

自定义运费:点击免运费后,可以设置运费定义和适用的国家或地区,如图 7-21 所示。

图 7-21　自定义运费设置界面

如果您对运费比较了解,可以自由选择不同国家或地区的不同运费区间,自由定义不同数量区间的不同运费组合。

可以点击"添加一组国家及运费"来增加运费区间,如图 7-22 所示。

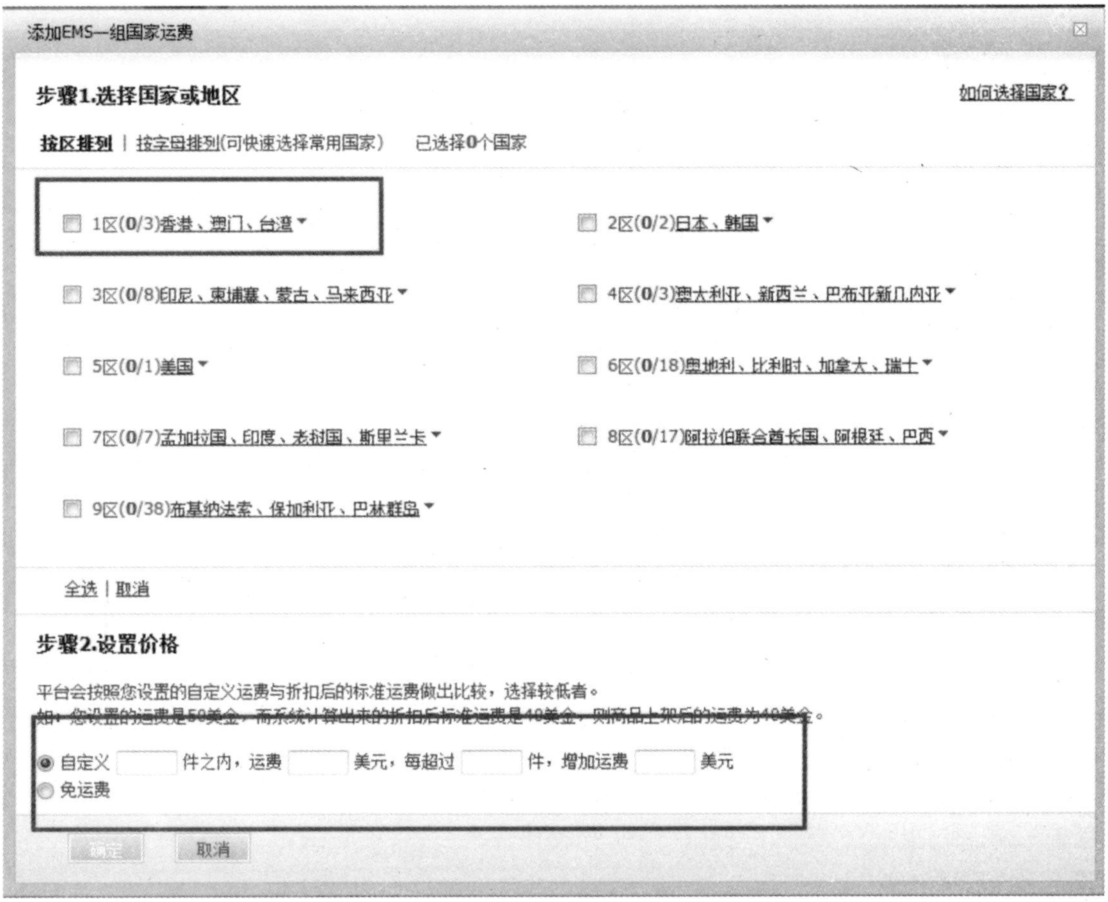

图 7-22 添加一组国家或地区及运费设置界面

提示：如果您当前的运输设置经常使用，可以设置成模板，以后在自定义运费时直接选择模板即可。

11. 其他信息

产品有效期：产品有效期指的是您的产品成功提交的那天起到产品停止在网上展示的那天之间的时间段，默认有效期为 90 天。

(三)确认订单并发货

在您登录敦煌网后，进入"我的 DHgate"，点击"我的订单"，即进入订单信息页面。此时您可以查询您的产品订单，填写订单执行情况，与买家沟通交流，订单执行完毕后还可以评价该买家。

1. 查看订单的具体操作

卖家可以通过订单的不同情况查看订单的信息，这几种订单的不同情况是：执行中的订单、未付款的订单、纠纷中的订单、已取消的订单、交易关闭的订单、已完成的订单。

可以看到的订单的列表信息包括买家、订单号、下单日期、付款日期、订单金额、当前状态、更新日期、交货截止日、发货日期。

其中点击“买家信息”可以看到详细的买家信息，点击“订单号”可以看到详细的订单信息。注意：只有当订单从“未付款的订单”转变为“执行中的订单”，订单状态为“买家已付款”，等待“卖家确认”时，卖家点击“我开始备货”后才可以发货。如果在这之前卖家就将货物发出了，后果由卖家自行承担。

2. 确认订单

当您收到订单后，如果确定执行订单，请在货款确认收到后 48 小时内做出回应，并点击“开始备货”。超过 48 小时，卖家就不能继续执行订单，敦煌网会默认卖家不执行订单，执行退款操作，并且通知买家订单取消，此产品也会自动下架。

这里需要注意根据自身的情况来及时决定是否要执行订单。如果因为货物不全只能部分发货时，请先确认执行，在之后的备货期里来与买家沟通，给自己赢得解决问题的时间。不要轻易取消订单，这样会有损您的信用度。

3. 订单进入备货阶段

请在发货期满之前按时发货。备货期是卖家自己定的，所以要根据自身的实际情况来填写。备货期从订单列表信息中的“付款日期”之日开始。如果到了发货期卖家还没有发货，敦煌网将会发邮件告知卖家将要执行退款给买家的操作。

4. 发货后卖家要做什么

货物要按正确的地址邮寄，并保存好货运底单。在发送货物之后，请及时到订单里填写货运跟踪单号。例如，您自定的发货期为 3 天，那么请您一定要在 3 天内发货并及时填写货运单号，证明您已经发出货物。如果在限期内没有填写货运单号，您将被视为没有在发货期内发货，系统会退款给买家。当客户说没有收到货物时，这个货运跟踪单号也可以提供证明，保障您的利益。

(四)确认妥投并放款

当您通过“货运单号”查到货物已经妥投之后(相关的快递网站如：www. ems. com. cn)，可以在“我的 DHgate” —“ 我的订单”—“待处理订单”—“已发货”里找到此订单，点击“请款”按钮(请款按钮是在正确填写货运单号之日起 5 天后出现的，请款只能申请两次，且两次请款至少间隔 3 天)。敦煌网会在一个工作日内审核，核实此订单没有任何问题，例如国家、时间、邮编和签收人信息一致之后，发催点信给买家，买家 3 天之内没有提交纠纷，则订单完成。否则，您的请款将被拒绝，订单会被延迟放款，届时您可以在“我的 DHgate”—“我的订单”—“待处理订单”—“已发货”里看到订单自动完成的时间。

(五)交易成功

如果买家在收到货物之后确认无误，登录后台，点击“complete order”完成交易，敦煌网将放款并邮件通知卖家。这个时候整个交易就成功了，卖家可以在此时对该订单进行评价。

三、DHgate 国际网店展示

DHgate 国际网店页面如图 7-23 所示。

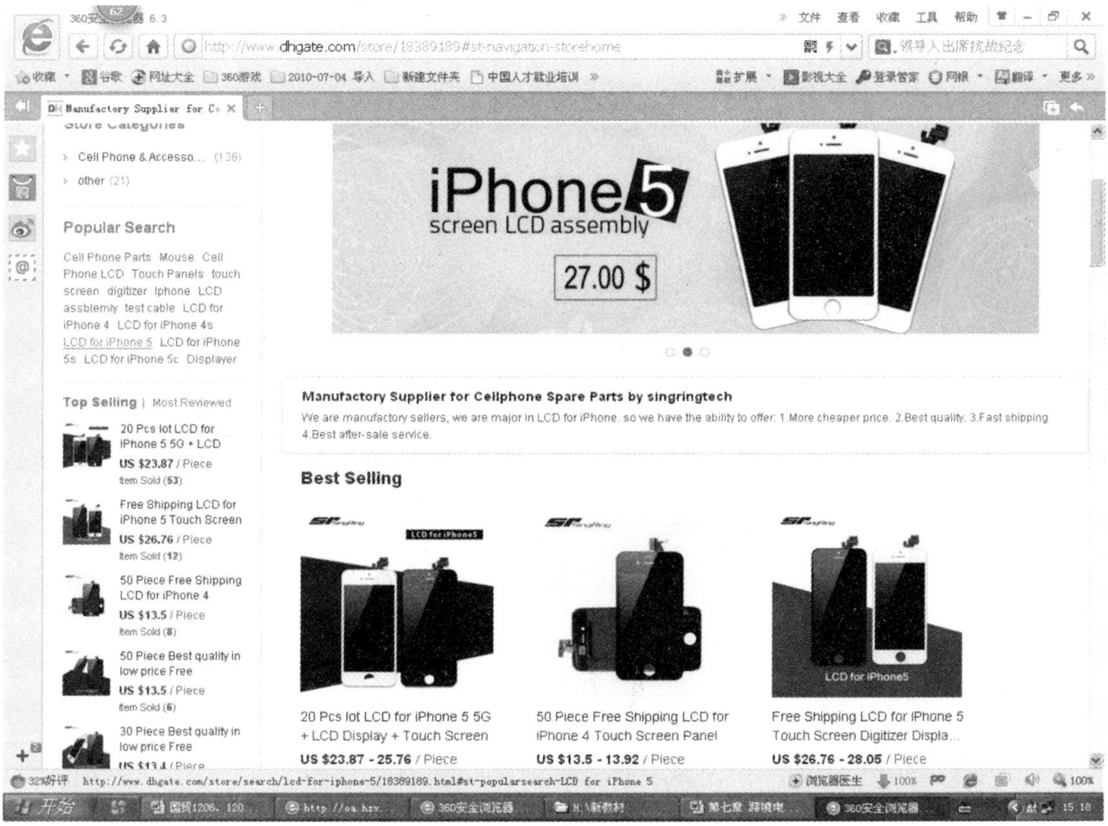

图 7-23　敦煌网国际网店页面

第三节　速卖通平台开国际网店

一、速卖通平台简介

全球速卖通(AliExpress)正式上线于 2010 年 4 月，是阿里巴巴旗下唯一面向全球市场打造的在线交易平台，被广大卖家称为“国际版淘宝”。全球速卖通面向海外买家，通过支付宝国际账户进行担保交易，并使用国际快递发货。全球速卖通是全球第三大英文在线购物网站，网址为 seller. aliexpress. com。

二、速卖通平台开设国际网店的基本流程

(一)速卖通账号注册

1. 打开速卖通平台，首页如图 7-24 所示。

图 7-24　速卖通首页

2. 点击"免费注册",出现如图 7-25 中需要填写的信息。

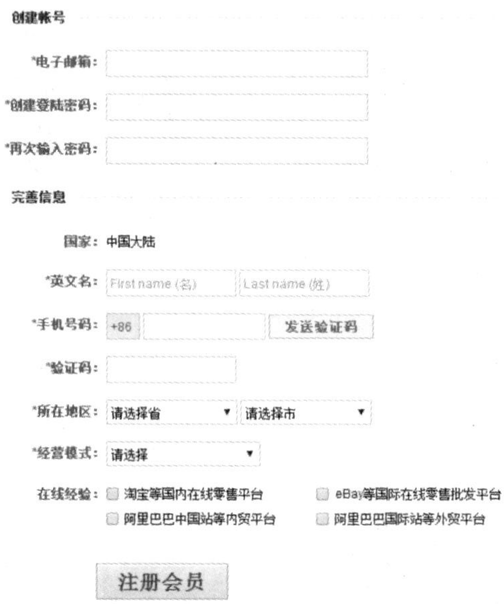

图 7-25　速卖通注册界面

3. 信息填写完整后,点击"注册会员",如图 7-26 所示。

图 7-26　速卖通注册提交界面

4. 注册成功后，在首页处点击“马上登录”，输入 ID 和密码点击“登录”，如图 7-27 所示。

图 7-27　速卖通登录界面

5. 登录后出现图 7-28 中的页面。

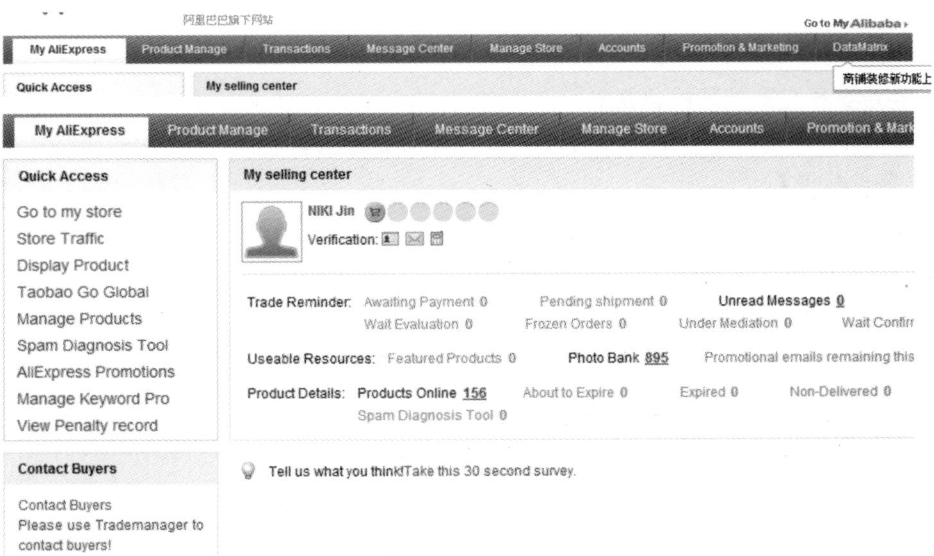

图 7-28　速卖通登录后的页面

6. 点击“Go to my store”(进入店铺)。

(二)速卖通国际网店展示

速卖通国际网店页面如图 7-29 所示。

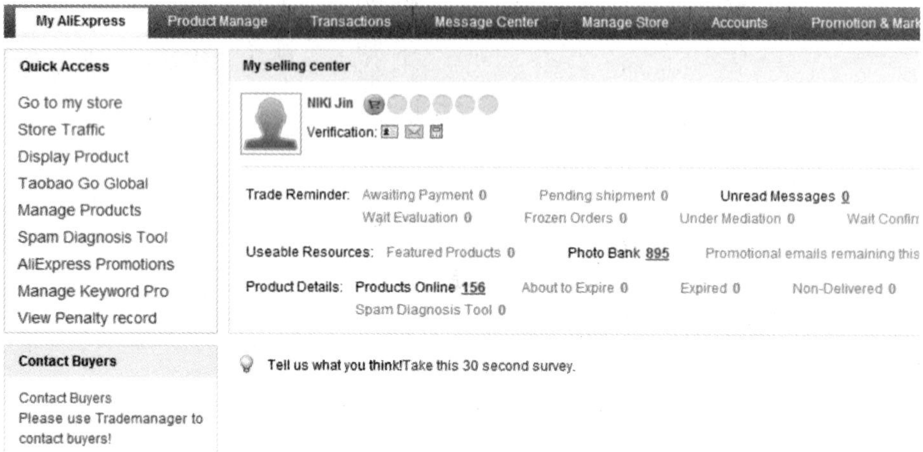

图 7-29　速卖通国际网店界面

思考与练习

项目一:速卖通国际网店的开设

【活动目的】学生学会利用阿里巴巴全球速卖通平台开设国际网店

【活动内容与要求】

1. 学生登录速卖通平台,注册;
2. 上传相关产品,并开设国际网店;
3. 学会各种交易工具的使用;
4. 尝试添加国际客户,并与他们进行初步的商务洽谈。

【结果与检测】

网店成功开设,并完成订单。

项目二:敦煌网国际网店的开设

【活动目的】学生学会利用敦煌网平台开设国际网店

【活动内容与要求】

1. 学生登录敦煌网平台,注册;
2. 上传相关产品,并开设国际网店;
3. 学会各种交易工具的使用;
4. 尝试添加国际客户,并与他们进行初步的商务洽谈。

【结果与检测】

网店成功开设,并完成订单。

第八章 网络贸易 B2B 平台的简介与使用

知识目标：

1. 掌握网络贸易 B2B 平台的基本类型
2. 掌握 B2B 平台的推广原理
3. 熟练操作典型的 B2B 平台
4. 外贸业务询盘的识别和初步处理

能力目标：

1. 能分析和判断哪些 B2B 平台适合投资收费项目
2. 能熟练使用收费 B2B 平台上传产品并形成高效的前台界面
3. 能熟练使用免费 B2B 平台上传产品并形成高效的前台界面
4. 能对各类外贸业务询盘进行判断和分析

第一节 收费 B2B 网络贸易平台的建设与使用

做外贸，业界通常有两种方式，一是在展会上寻找客户资源，二是通过网络贸易平台寻找客户资源，两种方法各有利弊。网络平台虽然效率不如展会高，但简单快捷，是在一个网页上持续展览，因此，很多企业愿意通过购买网络贸易平台的收费项目进行产品推广。很多平台设置收费项目还分成若干等级，分别提供不同的服务项目。网络平台收取的费用主要用于平台的海外推广，因此，效果越好的平台，收费也相对越高。当然，良好的策略是做一两个收费的平台再结合几个免费平台，多试试才能知道哪个平台的推广效果最适合你的企业。

案例 8-1　　**温州正凌机械制造有限公司网络贸易的成功案例**

温州正凌机械制造有限公司坐落在素有“温州浦东”之称的瓯北大甲工业区，是一家专业生产石油机械设备、加油机核心部件、油气分离组合泵、叶片泵、油气分离器、自封加油枪、紧急切断阀、视油器、过滤器、胶管接头以及各种球阀等产品的企业。公司从原材料采购、加工，到装配、试验、检验，直至最后的包装及运输全过程都严格按照国际质量管理体系运作，现已通过 ISO9002 质量体系的认证，并申请了美国安全检测实验室(UL)认证。“正凌的质量，永恒的保证”是正凌机械一贯坚持的经营宗旨。

加入中国制造网(Made-in-China. com)初期，正凌机械同样表现出了其认真、务实的态度与作风。公司的账号管理人卢小姐首先认真地阅读了中国制造网高级会员使用手册，熟悉各项功能操作，研究如何提高信息的品质，每天及时更新产品……随着对账号的熟悉和掌握，询盘也逐渐一封封多了起来。前期的准备初见成效，卢小姐受到了很大的鼓舞，在处理询盘时格外仔细和认真，第一时间回复买家询盘，并及时跟进买家要求。除了保持积极的跟进联系，每逢节假日，卢小姐也会给客户寄去温暖的节日问候，表达公司与个人的祝福，展示出了中国供应商良好的素质和形象。卢小姐相信自己的努力和诚意一定可以换来客户的认可与回报。然而，这些努力之后的成效似乎并没有迅速地体现出来，两个月的辛苦却没有换来一个订单。卢小姐不由困惑起来：为什么和这些买家保持联系了，却没有相应的回盘？为什么来回沟通几次之后买家仍然不下单？

正当卢小姐处在困惑中、不知如何是好的时候，订单意外地降临了。两位分别来自澳大利亚和斯洛文尼亚的客户在与卢小姐进行了近一个月的洽谈之后先后与卢小姐签下了订单。签单初期，卢小姐的确感到有些意外，后来仔细想想，其实是偶然中的必然。在前期的账号管理中，卢小姐积极地与中国制造网的客服保持沟通，用心维护账号信息，听取中国制造网贸易培训专员的建议，在产品名称中加入已通过认证的说明，更大程度上引起了买家的注意；后期的询盘回复环节，卢小姐也是及时、主动地与买家保持联系，给买家留下了深刻的印象。加之产品本身质高价优，最终获得买家的青睐就在情理之中了。

有付出，一定有收获，但不一定会立刻有收获。正凌机械就是一个很好的例子，当付出之后暂无收获时该怎样做？坚持与放弃，只是一步之遥，而结果却很可能失之千里。如果卢小姐之前就放弃了，结果只能是竹篮打水一场空。值得庆幸的是，卢小姐从未想过放弃，并一直坚持做好每一件工作，终于得到了回报。正凌机械也正是依靠这份坚持和对产品质量自始至终的严格要求，才得以在商海中打拼二十几年，而且越走越好，越做越大。

一、常用的收费 B2B 网络贸易平台介绍

1. 阿里巴巴国际站

阿里巴巴国际站无疑是目前外贸 B2B 的领先者，提供一站式的店铺装修、产品展示、营销推广、生意洽谈及店铺管理等全系列线上服务和工具，帮助企业降低成本，高效率地开拓外贸大市场。

2. EC21、ECPlaza

EC21、ECPlaza 源于韩国，不是中国本土化的 B2B 平台，因此不了解目前中国外贸企业的实际情况，不太符合中国外贸企业的需求。如果出现服务上的问题，电话打到韩国去也有点不太实际。

3. 环球资源网

这个 B2B 平台的效果不错，它将网络的推广和展会相结合，并配备企业光盘、杂志和全球的展会信息，入门的费用在 15000～20000 美元。

4. 中国制造网

中国制造网是 B2B 网络贸易平台中的后起之秀，国外买家浏览率非常高，价格适中，效

果不错，询盘邮件具有针对性。它的询盘系统采用一对一的发送方式，即国外买家看到你的产品信息后发的询盘邮件只会发到你的邮箱里，不会再转发给你的同行或竞争对手。

二、B2B 平台如何做外贸——以中国制造网为例

（一）中国制造网平台

中国制造网电子商务平台（Made-in-China. com）为中国供应商和全球采购商提供会员服务（首页见图 8-1），注册免费会员可以通过虚拟办公室发布并管理企业、产品和商情信息。注册收费会员（目前为中国供应商）除享有注册免费会员的所有服务外，还可以发布网上展示厅、享受专业客服支持、在在线产品目录和搜索结果中享有优先排名的机会。主要的收费服务包括名列前茅（Top Rank）、产品展台（Spotlight Exhibits）、横幅推广（Banner Pro）等增值服务以及认证供应商（Audited Suppliers）服务，使商家在互联网上有更多的展示机会，增加与全球目标采购商的接触机会，从而达成交易，获得收入和利润。

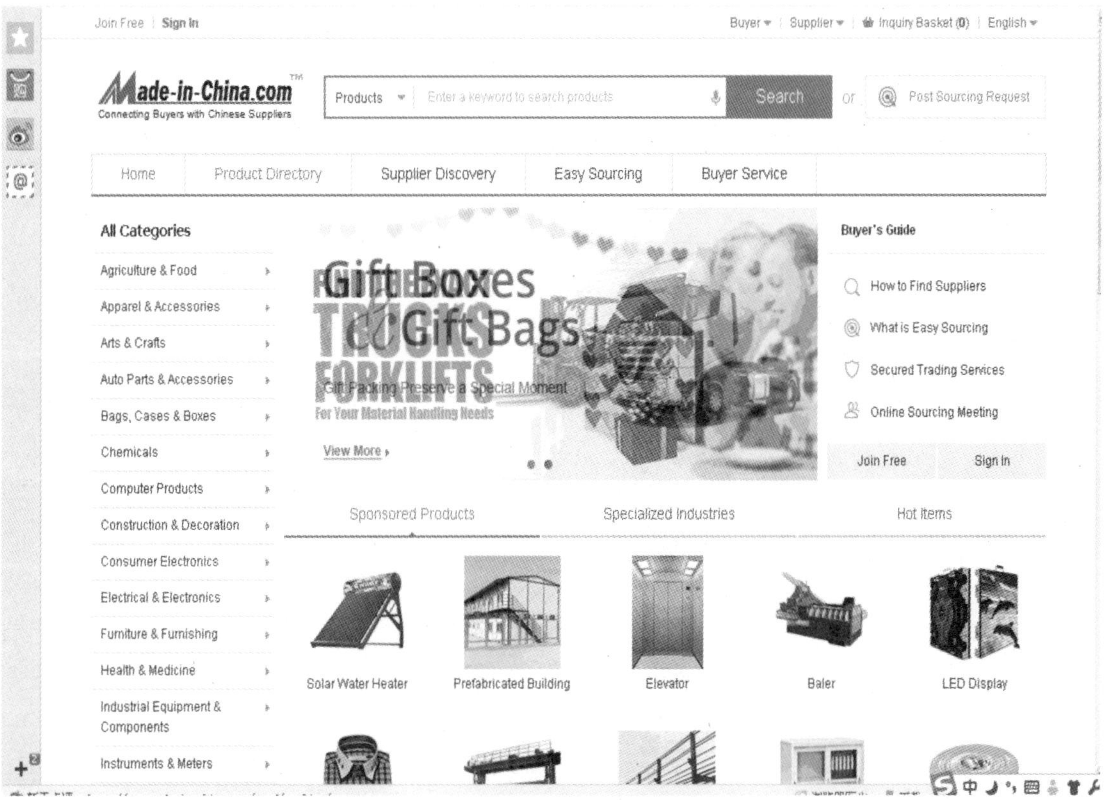

图 8-1　中国制造网首页

（二）中国制造网平台收费项目

目前，中国制造网的收费项目分为两个层次：一是企业认证，由 SGS 公司提供，旨在提升企业的国际影响力；二是 Gold Member，即中国金牌供应商服务。截至 2014 年，该公司的收费项目的服务功能如表 8-1 所示。

表 8-1 中国制造网收费平台主要功能一览表

服务		金牌认证供应商
实地认证		由权威认证机构 SGS 提供
独特标识		GOLD MEMBER
认证报告		Report SGS
产品总数(条)		1000
商情总数(条)		100
发联系信(封/天)		100
优先审核		1 个工作日
主打产品		7
产品/商情分组		20
邮件下载		提供
发送附件		提供
产品图册		20
子账户	业务员	7
展示厅	风格(种)	24(基础模板)×871 (行业图片)
	首页产品展台(个)	40
	产品列表	文字+图片
	商情列表	文字+图片
	产品顺序即时调整	提供
	荣誉证书即时发布	提供
	公司场景图片即时发布	提供
	公司新闻即时发布	提供
	自定义栏目	8
	认证报告栏目	提供
价格		31100 元/年

中国制造网英文版：
www.made-in-china.com

(三)上传产品简介

1. 如何上传

注册完成后，可以进入中国制造网的操作后台，就可以进行产品的上传了，点击“Add a New Product”，按照相关的要求操作，如图 8-2 所示。

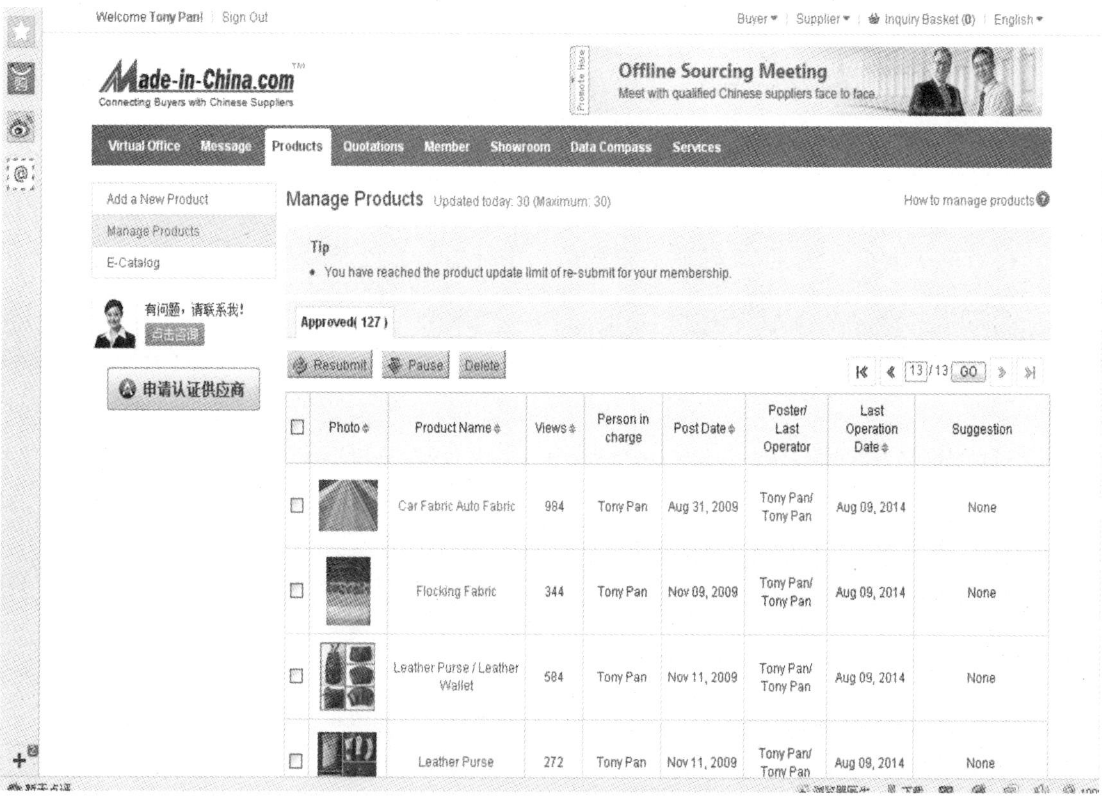

图 8-2　中国制造网的后台界面

2. 产品上传的一些技巧

①准确的产品名称

先看看这两个产品名称：

Fabric(HK-GS-002)——我们都知道，这是一个面料类产品，但是，从产品名称中买家无法得知这个产品是针织类的还是梭织类的，是全棉的还是 20%涤纶的。Fabric 是一个范围太广的概念，我们完全可以加上简短的修饰词，把产品名称具体化，让目标买家第一眼就能看到他想要的东西。

Coffee Cip——恐怕连母语是英语的朋友都不知道这个产品是什么，Cip 其实是 Cup。因为在键盘上，字母“i”和“u”是“邻居”，所以上架员工不小心打错了。产品名称的错误将直接导致买家无法搜索到产品。

接下来，再看看这两个产品名称：

Clothes Rack (XCD-523)——准确具体，表明了产品的功能。

EEC Approved Scooter (G-WE-67)——简洁个性，突出了产品通过 EEC 认证的优势，能轻松获得欧美买家的青睐。

对比两类产品名称，如果您是买家，自然会选择第二类。所以，好的产品名称应该做到以下三点：一是国际通用、行业内专业；二是避免笼统粗略、拼写错误；三是彰显个性，突出竞争优势。

②专业而多样化的产品目录

在中国制造网，买家通常使用什么方法来搜索他们所需要的产品？除了我们所熟知的关键词搜索，是否还有其他的搜索途径被我们忽略了，让我们与商机擦肩而过？学习如何设置产品目录才能给我们带来更多的买家关注。

在此之前，我们先来看看，什么是中国制造网的产品目录，为什么要选择产品目录。

如图 8-3 所示，中国制造网为买家提供了详细的行业产品目录，正是这些不同行业的一级级产品目录帮助买家快速、准确地从海量信息中筛选出自己所需要的产品。

图 8-3 中国制造网的产品目录界面

在添加产品的过程中，我们需要确定一个选项“Select Category”(选择目录)，根据产品选择了相应的目录，则该产品会自动归到这个目录下。

③丰富而有效的关键词设置

我们先看两个例子：

Our company was established in the year 2004. With a combination of strong sales management and policies plus expert sales personnel, which made our business grow rapidly. If you have any interest, please feel free to contact us.

Our products are very popular all over the world and sold extensively in America, Europe, Middle East, etc. We have different styles to meet your needs. For more information, please contact us today.

如果我们自己是买家，对这样的产品描述(Description)会有怎样的感觉呢？不专业、无法体现重点，以致买家无法了解产品，没有购买欲望，最终导致无询盘。

买家通过中国制造网搜索到产品，一定希望了解与其他产品相比，这个产品究竟有什么特色值得购买，这个产品是否符合自己的采购计划等。买家关注的方方面面，都可以尽量在产品描述中加以说明。中国制造网的后台产品描述界面如图 8-4 所示。

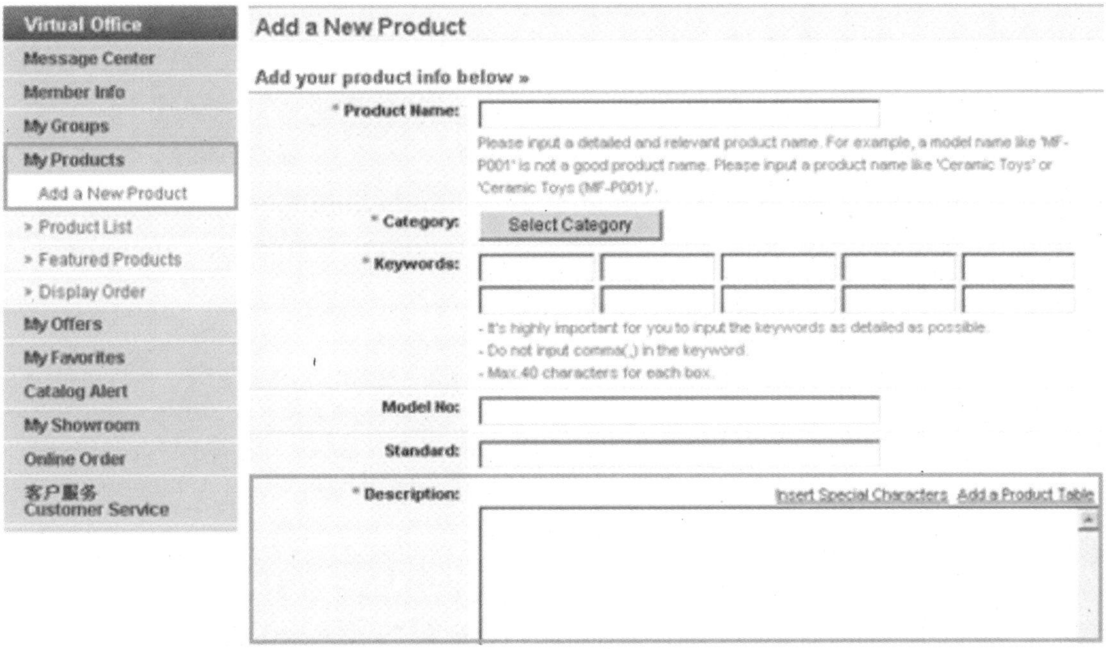

图 8-4　中国制造网的后台产品描述界面

详尽而专业的产品描述可以从以下四个方面完善，以低弹丝(100% Polyester textured filament yarn)产品为例。

a. 介绍产品的功能和作用(Application)

We produce textured polyester filament yarn with adequate twists in deniers of 75, 100, 150 or 300 ideal for knitting labels, ribbon, belts, badges and elastic bands.(我公司生产 75、100、150 或 300 旦尼尔低弹丝，可供织造商标、徽章、丝带、橡皮带等。)

b. 介绍产品的特色、卖点(Feature)

We have stock available in 192 colors for 100 and 150 deniers. We also provide service for dye-to-match, even to a quantity of only 5kg per color.(我公司的 100 和 150 旦尼尔低弹丝备有 192 种色泽可供选择，可根据客户要求提供染色服务，每色最低起订量仅 5kg。)

c. 罗列和产品相关的重要参数(Specification)

Composition: 100% polyester

Width: 150cm

G/m^2: 220g/m^2, 240g/m^2, 270g/m^2, 300g/m^2

Color: can be made as your request

Dyeing: with disperse and indanthrene dyes (except red color)

d. 填写中国制造网为您提供的以下贸易相关项目(见图 8-5)

图 8-5　中国制造网的后台产品贸易相关项目界面

(四)如何主动寻找买家

1. 登录中国制造网首页,点击“Offer Board”,如图 8-6 所示。

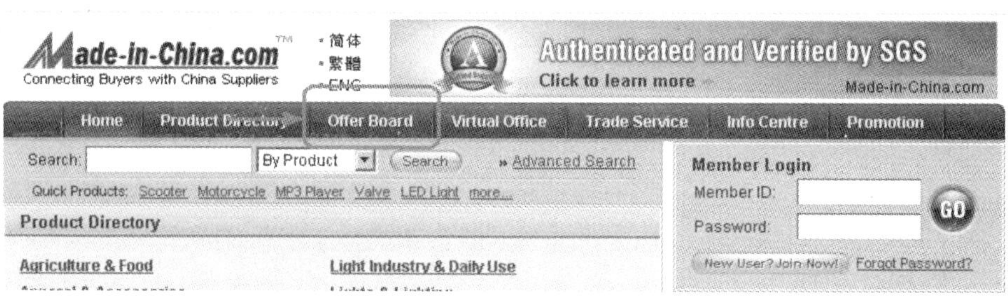

图 8-6　中国制造网的 Offer Board 点击界面

2. 进入 Offer Board 后,在“Search for”后的方框中输入您需要查找的具体产品,并在“Offer Types”选项框中选择“Buy”,点击“Search”,如图 8-7 所示。

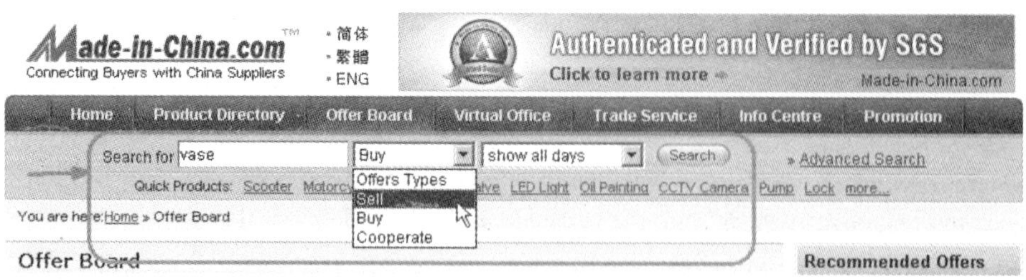

图 8-7　中国制造网的 Offer Board 点击选择界面

3. 点击“Search”后,在搜索结果页面中点击对应的产品标题,即可进行进一步查看,如图 8-8 所示。

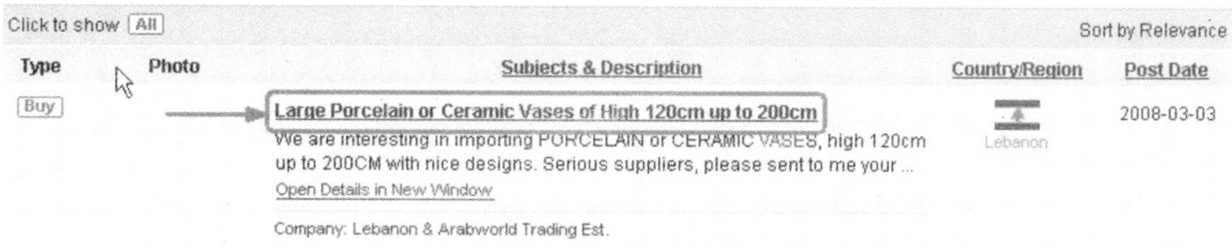

图 8-8　中国制造网的 Buy Offer 点击界面

4. 在具体的 Offer 页面，若您对买家发布的求购信息感兴趣的话，可点击"Contact Now"给买家发送联系信息，针对买家的求购信息内容，详细介绍自己的业务范围和公司优势，进一步进行沟通。

第二节　免费 B2B 网络贸易平台的建设与使用

天下没有免费的午餐，免费 B2B 网站虽然效果远不如付费网站，但对于外贸 SOHO 还是有效的外贸推广方式之一。选择平台其实很有讲究，知名的 B2B 网站就那么几个，专业的外贸 B2B 网站更是屈指可数。从目前的发展看，网络 B2B 平台的免费资源越来越少，各个网站都需要盈利。免费资源集中在两种情况下：一是免费网站给予试用的询盘，更多的询盘需要收费看；二是给予企业免费的平台，但功能非常有限，效果也远远不如收费平台，如中国制造网等。本节主要介绍免费平台的建设和使用。

案例 8-2　　**7 天签下 430 万美元订单——江阴东达网上掘金记**

江阴东达印染有限公司是一家利用电子商务做贸易的生产企业，集服装、印染、织造于一体，江阴东达在 2007 年 3 月成为阿里巴巴"高级中国供应商"后，在短短一个星期内，就从网上接到了一笔总价为 430 万美元的出口订单。

"我们做了英文网站推广以后一个星期，就开始联系这个订单，这个合同总的金额是 430 万美元。"

要不是顾总亲口讲述，很难相信这是一笔通过网络成交的大订单。一位来自黎巴嫩的客户为当地政府紧急采购 1000 多吨天鹅绒面料，最初他通过各种传统渠道寻找供应商，结果花了两个月的时间还是一无所获，于是就到阿里巴巴国际站上试着搜索。

"他们找遍了大半个中国没找到，于是通过阿里巴巴的这个平台，找哪家可以做这个东西。他找到了我们的简介，就打电话过来问能不能做这个。"

从验厂到下单，江阴东达在一个星期内成功拿下这笔订单。都说机遇只给有准备的人，早在 2001 年顾总就开始利用电子商务平台推广企业和产品，先后成为阿里巴巴"诚信通"和"高级中国供应商"会员。

"只要是懂电脑的人，你只要问阿里巴巴，他都知道。这么多生意做下来，因为有了这个平台，我们才能有这么多生意做，我们对阿里巴巴已经有了感情。"

两年前江阴东达还是一家纯内销的企业，现在已经插上了电子商务的翅膀，翱翔在国际市场的广阔天地间。抓住机遇、做好产品和服务，网络贸易就是这么简单。

【提示】据西方营销专家的研究和企业的实务经验表明：争取一个新顾客的成本是留住一个老顾客的5倍，一个老顾客贡献的利润是新顾客的16倍。这就是现在经常提及的客户关系管理的经济意义。而在客户发展越来越困难的今天，发展客户的最佳途径只有网络贸易。

你认为网络贸易的优势是＿＿。

一、部分免费 B2B 网络贸易平台简介

1. www.asianproducts.com

亚洲产品网，整体评价较好，有一定的免费功能，在免费平台中有一定的询盘量，其中收费服务的会员评价也不错。

2. www.ec21.com

该平台由韩国国际贸易协会组织建立。EC21平均每天会出现310000多条求购和出售信息以及来自25000个企业的近60000个商品的展示。EC21有免费的产品浏览、直接方便的会员注册和电子目录管理，以及250000多名买家会员，分为免费会员和“tradeok”会员两种。

3. www.busytrade.com

该平台可以免费发布信息，自动重发信息，界面也很友好，只是部分用户反映询盘数量相对一般。

4. www.ecplaza.net

该平台为全球的交易商提供各种商务互联网服务，为其用户提供从寻找买家到最终结算，涵盖全部交易流程的一整套解决方案，从而建立起全球贸易一体化的网络架构。所有环节都将在网上实现自动化。该平台有分布于160个国家的150000多名会员。

5. www.ecrobot.com

该平台可以发布产品信息，也可以自动重发信息，操作简单，没有太多限制。

6. www.importersarea.com

该平台是免费的，也可不受限制地发广告，可以在不同产品范围内注册自己的产品，有完整的个人网页，可以随时更改、添加信息。

7. www.toboc.com

这个平台也没有诸多限制，只是不具有自动重发功能，但排名很靠前。

8. www.wdtrade.com（北美世界贸易网）

绝大部分北美著名的电子商务网站都要收费，但北美世界贸易网还能提供免费注册和发布信息。目前该网站拥有60000个来自世界各地的会员。

二、EC21 平台免费功能的使用案例

(一)EC21 的相关介绍

EC21 的前身是赫赫有名的韩国贸易协会(简称 KITA,Korea International Trade Association),这个成立于 1946 年的非营利性组织主要为发展韩国国内贸易以及扩大韩国的国际经贸服务。自成立之日起,该协会就得到了韩国政府的鼎力支持:首先,韩国所有的贸易厂商(将近 9 万个)均加入其中成为会员;其次,协会每年都会得到政府数额巨大的财政支持,同时,协会还拥有大量的行业专家和多年积累的贸易数据。而在 1972 年正式成为世界贸易中心协会(WTCA)的会员之后,韩国贸易协会更是赢得了全球贸易商的认可。现在,韩国贸易协会不仅承担了韩国贸易统计、研究和咨询的职责,更是国际展会的参展商和主办方,并积极参与世界贸易中心的各项活动。

20 世纪 90 年代以后,韩国政府大力推行"世界化战略",大量韩国企业开始涌入全球市场。1996 年,韩国贸易协会顺应形势开始了网上展会服务,并于 1997 年将此服务改称为 EC21。2000 年 EC21 正式从韩国贸易协会中分离出来,开始作为一个独立的公司运营。

经过十多年的经营,EC21 目前已有在中国、土耳其、意大利等国设立的多个分支,并先后与 19 个全球化贸易支持服务公司、7 个全球化电子商务市场合作伙伴签订合作协议,同时拥有来自 260 个国家的 60 多万个买家,每天超过 160 万的访问量,每月 90 万次以上的询盘。

(二)EC21 平台的注册与使用

1. 点击"Join Free",按照提示进行注册

2. 选择会员模式,选择免费的 Basic Membership 项目(见图 8-9)

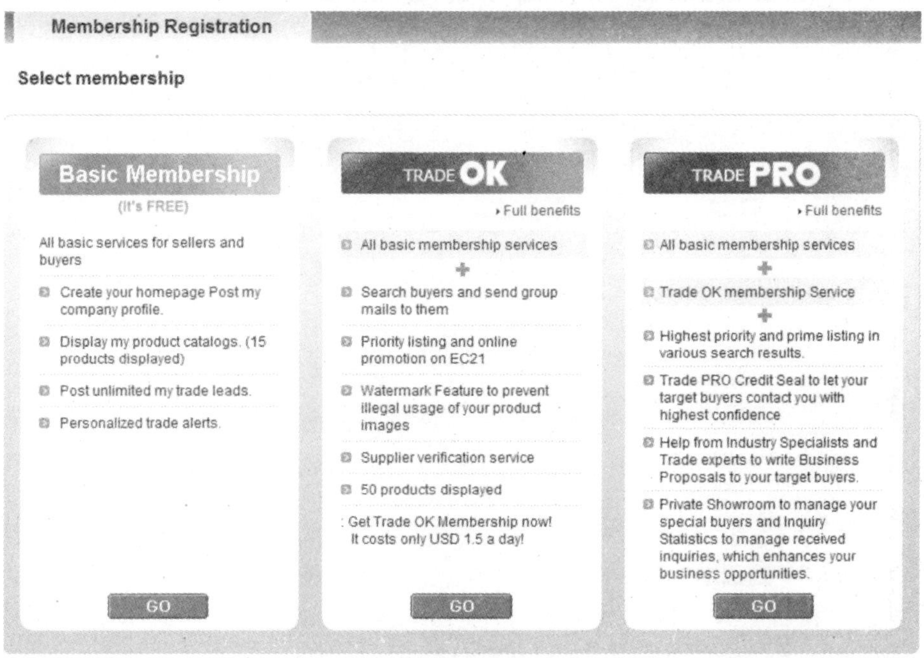

图 8-9 选择会员模式界面

3. 填写相关的公司信息

填写相关的公司信息界面，如图 8-10 与图 8-11 所示。

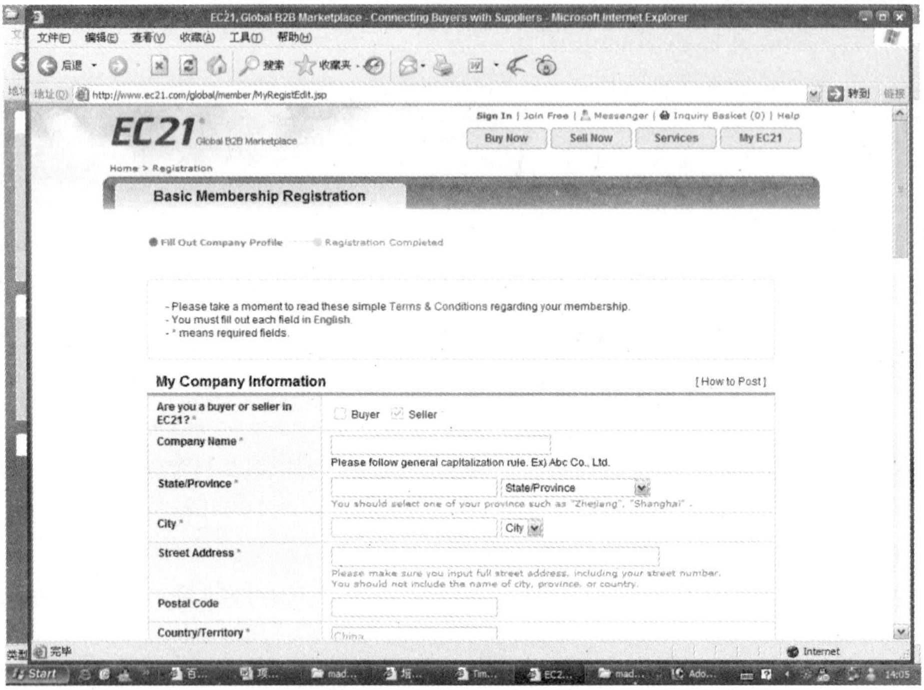

图 8-10　填写相关的公司信息界面 1

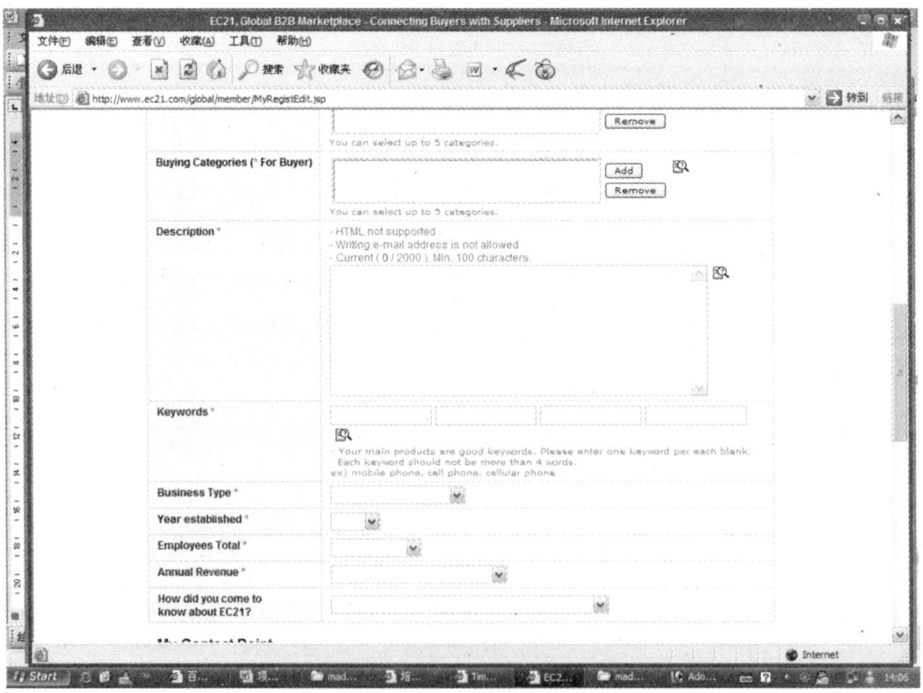

图 8-11　填写相关的公司信息界面 2

4. 完成注册，并按照要求上传相关的产品

产品的上传与前文中国制造网的上传方法基本一致，这里就不重复介绍了。完成后的后台与前台界面如图 8-12、图 8-13 与图 8-14 所示。

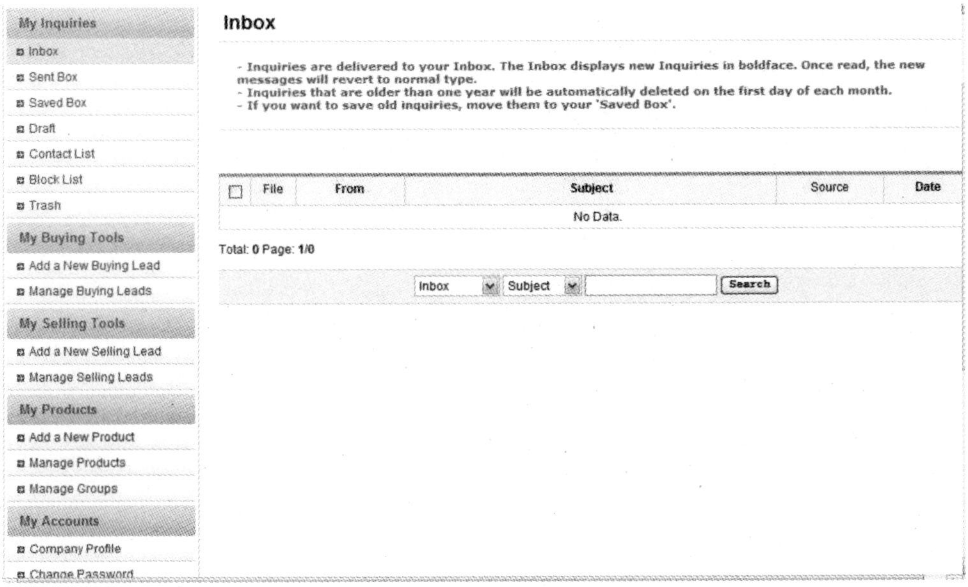

图 8-12　后台界面

图 8-13　前台界面 1

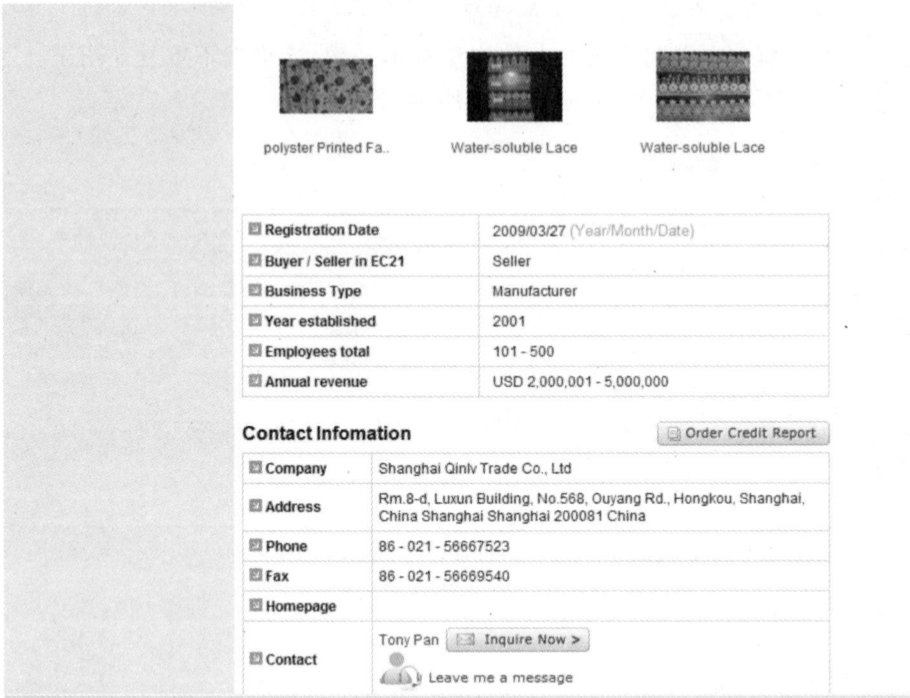

polyster Printed Fa.. | Water-soluble Lace | Water-soluble Lace

Registration Date	2009/03/27 (Year/Month/Date)
Buyer / Seller in EC21	Seller
Business Type	Manufacturer
Year established	2001
Employees total	101 - 500
Annual revenue	USD 2,000,001 - 5,000,000

Contact Infomation   Order Credit Report

Company	Shanghai Qinlv Trade Co., Ltd
Address	Rm.8-d, Luxun Building, No.568, Ouyang Rd., Hongkou, Shanghai, China Shanghai Shanghai 200081 China
Phone	86 - 021 - 56667523
Fax	86 - 021 - 56669540
Homepage	
Contact	Tony Pan Inquire Now > Leave me a message

图 8-14　前台界面 2

第三节　分析网络询盘

通过大量的注册工作和网络推广工作，业务员会或多或少收到各类询盘，这类询盘也叫网络询盘，是网络贸易业务的开始。但从目前的业务发展看，业务员的时间有限，每天收到的询盘又多，如何把有限的时间用在最有价值的询盘上就变得非常重要。

一、什么是询盘

询盘又称询价，是指交易的一方为购买或出售某种商品，向对方口头或书面发出的探询交易条件的过程。其内容可繁可简，可只询问价格，也可询问其他相关的交易条件。

询盘对买卖双方均无约束力，接受询盘的一方可给予答复，亦可不作回答。但作为交易磋商的起点，商业习惯上，收到询盘的一方应迅速作出答复。

1. 买方询盘

买方询盘是买方主动发出的向厂商询购所需货物的函电。在实际业务中，询盘一般多由买方向卖方发出。

2. 卖方询盘

卖方询盘是卖方向买方发出的征询其购买意见的函电。卖方对客户发出询盘大多是在市场处于动荡变化及供求关系反常的情况下，探听市场虚实、选择成交时机，主动寻找有利的交易条件。

二、网络贸易询盘案例

(一)关于墙纸的一则询盘

1. 询盘内容

Sir/ Madam,

Looking out for the wall papers which can be supplied of any quantity of rolls without any min order, and the range of paper does not matter. We will purchase the catalogue.

Related suppliers contact:

murtazalokhandwala64@yahoo. com

Mr. Murtaza Lokhandwala

M. H. Windows Decor

91-22-23080392

91-22-23010620

www. made-in-china. com/traderoom/mhwindows

2. 询盘分析

这是一则典型的网络贸易询盘,从形式上看比较完整,有公司介绍,有网站,也有联系方式,但从内容上看,只是简单的询问价格,并没有详细的产品需求说明,属于典型的询问价格询盘,价值一般。

(二)询问宠物用品的询盘

1. 询盘内容

Inquire about Huzhou City Xiangshun Trading Co. , Ltd.

Help me please to find contacts of Petstages product manufacturers.

www. petstages. com

Thanks in advance!

Mr. Andrej Morozov

WEC

samosa@dvb. lv

371-2-9230258

371-2-67210142

Latvia

2. 询盘分析

内容更加简单,而且给的信息不完整,没有公司网址和地址。此询盘的有效性更差,可能只是个人问问价格而已。

(三)询问竹纤维产品的询盘

1. 询盘内容

REQUEST FOR QUOTE

A Little Blessing™ is seeking a manufacturer to produce a range of high quality bamboo and cotton manchester for children and baby's market in Australia. We are looking for a supplier that will be happy to grow with our business and that will be able to produce a variety of products for the long-term.

Our products will be developed in stages and we envisage introducing a new product line along with new designs on a regular basis. In the long-term, we anticipate selling our products internationally, particularly in America, the UK and Europe.

Products-Stage 1

The products we are interested in receiving quotes on immediately include:

ITEM CODE	PRODUCT NAME	TEXTILE REQUIRED	MEASUREMENTS
BT002	Bath Towel Colour: white	Towelling: 70% bamboo 30% organic cotton approx. 500gsm	140cm×70cm
BT003	*We would also like a quote with face washer included with the bath towel.*		
BW004	Baby Wrap Colour: white	Fabric: 50% bamboo 50% organic cotton	130cm×130cm
CB005	Cot Blanket Colour: white	Blanket: 100% Bamboo with cotton trim	150cm×120cm

NB: We are also extremely interested in having our designs made up into soft toys in both a large and small size. These toys would need to replicate our animal designs that we have already created and we would want them made in a similar fabric and texture. We would appreciate a quote for doing this, if your company can provide these products.

Products-Stage 2 (hopefully to be produced within 6-9 months of Stage 1)

ITEM CODE	PRODUCT NAME	TEXTILE REQUIRED	MEASUREMENTS
BB006	Bassinet Blanket	Blanket: 100% bamboo with cotton trim	100cm×85cm

续表

ITEM CODE	PRODUCT NAME	TEXTILE REQUIRED	MEASUREMENTS
BM003	Bath Mat	Towelling: 70% bamboo 30% organic cotton approx. 500gsm	100cm×85cm
BB001	Bath Blanket Our own unique design.	Towelling: 70% bamboo 30% organic cotton approx. 500 gsm	Approx. 160cm×90cm see separate design outcome
SMALL VERSION OF DESIGN TO BE APPLIQUED ONTO:			
HK009	Child's Hankie Colour: white	Fabric: 50% bamboo 50% cotton	20cm×20cm
CM008	Comforter	Fabric: 50% Bamboo 50% organic cotton	30cm×30cm

> **NB**: Each of the above products will be required to have one of our unique designs applied onto it and finished with embroidery. We expect that this would be done to a high standard and that no stitches would be evident on the other side of the product.

OUR DESIGNS:

Our designs play an important part of the overall product. We would like our designs copied (exactly as they have been created) and applied onto the product and finished with embroidery.

Currently we have 7 different animal designs in total which include elephant, turtle, owl, peacock, bear, frog & zebra. All of these animals, except the zebra have been used twice and created using different fabrics which intermix. Therefore, there are actually 13 versions of the 7 different designs. (2×elephant, 2×turtle, 2×owl, 2×peacock, 2×bear, 2×frog and 1×zebra).

> **NB**: If your company is short listed as a potential supplier, we will send you further details and samples of our designs. However, we will require you to sign a Mutual Non-Disclosure Agreement before any designs/samples are sent.

QUANTITY:

For the first order we would be interested in purchasing:

1000×Bath Towels

1000×Baby Wraps

1000×Cot Blankets

We would like the 1000 of each product to include all 13 rersions of our designs. This will allow us to carry out research in relation to which products and designs are most popular. We envisage that our Purchase Orders will increase after this so we are looking for a supplier who is happy to grow with us in the long-term.

NB: Once we have short listed our potential suppliers further details will be provided in relation to the specific products including the designs, labels, samples of fabric and further reference points in relation to the "look and feel" that we want.

In order to assist us in the short listing process, we would appreciate if you could please advise of the following in relation to your company:

Your experience and background in exporting. Is it particularly exporting to Australia?

Has your company produced this type of product before? If so, do you have examples of this work available for us to look at?

Please advise of your MOQ's.

Please outline your pricing and experience of shipping.

The quality of your bamboo/ cotton products. Do you have any samples?

Please provide us with your best quote for FOB.

As mentioned previously, our company is looking for a supplier that is happy to establish a long-term relationship and that can grow with our business. We envisage expanding our business internationally and would like someone that is eager to do this with us. We are also looking for a highly reputable, professional and friendly supplier who is willing to work within our quality standards.

We thank you for your time and look forward to receiving your detailed quotation.

Yours sincerely,

Jacqueline Jones

Director

2. 询盘分析

这封询盘属于有一定价值的询盘，一是由于询盘内容非常详细，二是由于有详细的公司说明、产品说明。对这类询盘，要认真对待和研究。

三、什么样的询盘才是有价值的

所谓"最有成交价值的外商询盘"无非就是指中国的出口企业在与这些询盘的外商联系后，最容易得到外商的及时回复，也最有可能实现实质成交，这样的外商询盘当然是大家最想获得的外商询盘。

不少出口企业都说他们以前也在一些外贸类网站上交过钱、入过会，也联系了不少外商，最终仍一无所获，这其中一个很重要的原因就是他们获得的外商询盘大多没有多少成交价值。很多人都认定，网上的信息真真假假、虚虚实实，实在很难把握。客观地讲，就我们每天从全球所有相关网站上得到的所有买家询盘中，对中国出口商来说真正具有出口成交价值的一般也不过在5%左右，大部分都是无效的"垃圾"询盘，而在或多或少有用的询盘中，那些很难或不能很快给中国出口企业带来现实订单的"虚盘"的比例也占多数。所以，如果你认为通过网络渠道获取出口订单是一件很容易、很简单的事，那结果一定会让你很失望，而如果有一些网站的业务员这样来劝说你，那恐怕你就更要特别小心，千万不要落得既蚀财又后悔的结果。

很多网站都声称其买家询盘有多少多少，数量看来挺诱人，然而，你要观察以下内容：

①其声称的买家询盘数量与其每天实际更新的数量会不会差别太大？

②在其每天发布的买家询盘中来自中国的买家有多少？

③在其每天发布的国外买家询盘中重复的有多少？

④在其每天发布的国外买家询盘里买家所询的商品根本就不是中国能出口的询盘有多少？

⑤在其每天发布的国外买家询盘里外商随意性发布的"虚盘"有多少？

⑥在其每天发布的国外买家询盘里带欺骗嫌疑的"假盘"有多少？

过滤一下，你会发现"有成交价值的外商询盘"其实并不多，当你花掉大量的工作时间在那些本来就没有多少成交价值的外商询盘上的时候，结局已经不言而明。

那么，网络中哪些外商询盘最具成交价值，或者说最有可能给你带来出口订单呢？

①从发布时间来看，一般是 3～5 天内发布的最新外商询盘；

②在询盘的中文标题中标有"中国"字样的外商询盘，均系外商指明只要中国产品的外商询盘；

③在询盘的中文标题中标有"急购"字样的外商询盘；

④从询盘的内文来看，那些附有产品图片的外商询盘；

⑤从询盘的内文来看，那些外商显然是花了一定精力对其所需的产品规格或要求有一定或详细描述的外商询盘；

⑥从联系形式来看，外商拥有网站的外商询盘；

⑦从联系形式来看，外商公布其手机号码的外商询盘；

⑧从联系形式来看，外商有公布其 MSN 或 Yahoo 等即时通信号码的外商询盘。

思考与练习

项目一　完成阿里巴巴国际站的注册和初步使用(C2C)

【活动目的】

1. 完成阿里巴巴中文网站的注册和初步使用；

2. 完成阿里巴巴英文网站的注册和初步使用。

【活动内容与要求】

1. 按步骤完成相关的注册工作；

2. 体验免费版本的相关功能；

3. 比较免费与收费版本的功能。

【成果与检测】

成功开设网上宣传平台。

项目二　完成中国制造网的注册和初步使用(B2B)

【活动目的】

1. 完成中国制造网中文网站的注册和初步使用；
2. 完成中国制造网英文网站的注册和初步使用。

【活动内容与要求】

1. 按步骤完成相关的注册工作；
2. 体验免费版本的相关功能；
3. 比较免费与收费版本的功能。

【成果与检测】

成功开设网上宣传平台。

第九章　网络贸易的邮件技巧

知识目标：

1. 网络贸易活动中邮件的重要性
2. 优秀开发信的撰写要点
3. 网络贸易各环节邮件的撰写技巧

能力目标：

1. 能结合某类产品撰写开发信
2. 能结合各类询盘撰写回复邮件
3. 能结合网络贸易的各环节撰写相关的回复邮件

第一节　网络贸易开发信的撰写技巧

网络贸易开发信是外贸业务人员最基本的，也是最能显示才能的技能。有了互联网，网络贸易开发信的成本为零。你只要充分利用它，即使没有自己的企业，没有机会参加展会，没有付费的阿里巴巴等 B2B 的外贸平台，你也可以在这个行业里大显身手。本节将重点介绍网络贸易开发信的一些撰写技巧。

一、网络贸易开发信撰写存在的主要问题

网络贸易开发信的现状是：低水平的自主开发和相互抄袭，基本上还是沿用古董式样的外贸函电模式。以下是三个实际案例，这三个真实案例都是无效或低效的外贸开发信（电子邮件），代表了目前外贸开发信的一般水平。除了地名、人名、厂名等信息做了修改，为便于对照批评，特全部原汁原味地照录如下。

1. 某家具厂家的网络贸易开发信

We want to be ur furniture supplier[e-mail title]

Dear Frump,

So glad to hear that u are presently on the market for various furniture, and as a specialized manufacture and exporter for this product in China, we hope to establish friend business relations with u.

Pls find the attached some of our most marketable products photos for ur reference, hope they will be of interest to u, and any inquiries from u are highly appreciated.

Looking forward to hearing from u soon.

Best regards,

Pinky
Address: 1 23 Industry Rd. ,Any City,Any Province,PR China
Phone: 0086-55-5555-5555
Fax: 0086-55-5555-6666
Web Address: www. xyzfurniture. com
E-mail Address:pinky@xyzfurniture. com

分析:

写作原则:积极、正面、有趣,为客户着想(利益、方便、安全)。

主要问题:基本写作类问题,如标点符号后没有空格,词句错误;表现形式类问题,如 u,ur,pls 等过于随意的用词;写作内容类问题,如全部是从"我们"的角度出发的内容,没有为客户考虑。

2. 某服装与饰品外贸公司的网络贸易开发信

Dear Mr. Donald Trump,

How are you?

We are Xyzvvv Hcccynnn Imp. &Exp. Co. , Ltd. which mainly doing business of Fashion Garments and Accessories in China. Our market is mainly in Europe, the USA and Japan. Our clients includes 123,GAP,ADOLFO,CAROI,P&C,BELLUNA… We have our own factory and have a good relationship with many other factories.

We also have a kind of handbag decorated by porcelain. Pls find them on http://pieasaweb. google. com/xyzvvv. rooo/bags with porcelain.

Hoping we will have a chance of cooperation.

My e-mail address: sh_rooo@yahoo. corn. cn.

Waiting for your kindly reply.

Best regards,

Ray

分析:

写作原则:积极、正面、有趣、为客户着想(利益、方便、安全)。

主要问题:基本写作类问题,如标点符号后没有空格,词句错误;表现形式类问题,如缺乏底气(Hoping we will have a chance of cooperation. etc.);写作内容类问题,如全部是从"我们"的角度出发的内容。

3. 某轻工贸易集团的网络贸易开发信

Dear Sirs,

It is so glad to have your information from Internet.

Allow me to introduce you our company:

Founded in 1992, Fxxxyyyzzz Group Ltd. is a foreign—capital enterprise, and our headquarters is in Hongkong. We are a professional manufacturer of Sporting goods, garment and accessories.

We have won five manufacturing factories and a marketing centers under Fxxxyyyzzz China:

—Qyyzz(Gvviuu)Clothing Weaving Co. ,Ltd. :Knitting under-wear&garment

—Hzzyy Clothing Weaving Co. ,Ltd. :Knitting&tatting garment(Sweater/jersey)

—Szzxx Light Industrial Co. ,Ltd. :Bag/hat/scarf/glove

—Qyyxx Sporting goods Co. ,Ltd. :Sporting goods

—Jxxyy Textile 8L Fabric Co. ,Ltd. :Non—Woven Fabric and Woven Fabric

—Fxxzz Business&Trading Co. , Ltd. : Marketing centers, responsible for the whole product sold, customer service and development product(R&D) center

Since established, we persisted in the principle of "Quality Service First, Pursuing Fashion Perfection, Respect Contract and Observe Credit".

And all of our products are very popular from domestic and abroad.

We have a group of excellent talents who are good at seizing the market changes and our R&D dept. has been engaging in developing new items and designs to satisfy the demands for domestic and international market.

For more information about our company and products, welcome to visit our website: www. fxxxyyyzzz. com.

We'd like to cooperate with you under the mutual benefit to expand our export and create more business opportunities.

Any questions please feel free to contact us. Your early reply will be highly appreciated.

Thanks and best regards,

Leo Zyx

Thank you very much for your great support!

Fxxxyyyzzz Group Ltd. China

TEL: +86-555-55555555 Direct: +86-555-77777777

FAX: +86-555-66666666 Skype: leo. Zyx

E-mail/MSN: leo@fxxxyyyzzz. com http://www. fxxxyyyzzz. com

Manufacture: Sporting goods, garment and accessories

分析:

写作原则:积极、正面、有趣、为客户着想(利益、方便、安全)。

主要问题:此开发信写作是属于比较认真的,作者花了很多工夫并作为范文发给同行参考学习。但是本外贸开发信仍然有词句错误,如 Marketing centers,多了"s",还有一些其他语句不妥当的地方,而且东拼西凑的痕迹比较明显。同样的,本外贸开发信最严重的问题是,信件内容几乎全部是从"我们"的角度出发的,客户无法知道对他有什么意义。

上述三封是真实的网络贸易开发信,类似的网络贸易开发信比比皆是,几乎都是千篇一律、千人一面。往往都在语言文字细节上不够严谨。最致命的是都只从自己的立场出发，没有为客户提供有吸引力的价值陈述。请你反过来想想，要是有供应商写这样的开发信给你，全篇只是在用相当空洞的词句说自己如何如何，你会对他有兴趣吗？你会回复吗？

二、优秀开发信的基本思路及案例

1. 从客户角度出发的开发信

从客户的角度出发，开发信以强大的情感攻势先声夺人，再辅以翔实的事实和说理，让对方感觉理由非常充分并且需要立即行动，才会对自己有好处。显然，这样左右兼顾的外贸开发信可以更好地在服务对方、感动对方的情况下，获得自己的商业利益。

案例 9-1　　**韩国人的开发信**

Dear XYZ,

Has it been a good time for you?

I really want to know about the weather of your country.

I severely have been bothered to feel sticky cause it has been the rainy season in Korea. I wish you've been in fresh atmosphere.

Today, I intend to recommend you two companies in Korea.

One is Cxxxxhyyy Daaa. Cxxxxhyyy Daaa is a professional inkjet media manufacturer. The other is OX-XXXX Electronics. OX-XXXX Electronics usually makes quality TFT-LCD panels.

I think they have already prepared to advance worldwide. And they will meet your satisfaction.

Here is their ads. If you have any questions about their details, please contact me without any hesitation.

Best Regards.

中文大意：

亲爱的某某：

你近来可好？

我很想知道你们国家的天气。

我非常烦闷这里的黏湿，因为韩国现在是雨季。但愿你现在是在清新的空气里。

今天，我想为你介绍两家韩国公司。

一家是慈哈达。慈哈达是家专业的喷墨材料制造商。另一家是奥克电器，奥克电器通常生产高质 TFT—LCD 屏。

我认为他们已经准备好进军国际市场，可以让你满意。这里是他们的广告。如果你想了解他们的详情，请立即联系我。

致礼！

分析：

写作原则：语句比较平实；

表现形式：对话式；

写作内容：以拉家常、谈天气和感觉开始，转到朋友式地介绍两家公司。

案例 9-2 **德国人的开发信**

Ladies and Gentlemen,

QQQ System offers standard Compact TPC and Compact TPC express solutions as well as rugged conduction cooled systems that meet the highest military and aerospace standards, always assuring your customers highest quality demands.

For detailed information please check the attachment, or visit www.qqqsystems.com.

If custom developments are needed, please contact us at sales@qqqsystems.com.

We are looking forward to your reply.

Best regards,

Julia Roberts

sales/marketing

QQQ Computer Systems

TEL: 06055-55555-8

FAX: 06055-55555-9

Juliaroberts@qqqsystems.com

中文大意：

女士们、先生们：

QQQ 系统提供标准的微型 TPC 和微型 TPC 快速解决方案，还有高强度的传导冷却系统，符合最高的军用和太空标准，一贯保证满足你的客户最高品质的要求。

详细情况请查阅所附的 pdf 文件，或访问网站 www.qqqsystems.com。

如果需要按客户要求开发，请通过 sales@qqqsystems.com 联系我们。

我们期待你的回复。

致礼！

Julia Roberts

（以下略）

分析：

写作原则：语句斩钉截铁、直截了当；

表现形式：商业介绍的形式，非常简短的三段，但有具体的证明（说明产品在军用上和太空上的质量）；

写作内容：提供解决方案（注意不单单是产品）以及相关产品，需要信息的到网站上看，需要定制的发送电邮。

2. 突出独特的卖点

在激烈的商业竞争中，特别是在这个国际化的信息时代，作为一个外贸业务人员，如何让你的产品和服务在成千上万的类似商家里显得独特而富有价值，从而脱颖而出呢？只有差别化才能避免被淘汰，你需要有自己的独特之处，以此在细分市场中占据自己的一席之地，不能人云亦云。你一定要认真选定你的竞争领域或方向，并表现出你是其中最优秀、最突出的。认真分析、研究，提炼、总结自己的定位和特点，在所有的营销中强调你的“独特销售卖点”，这样可以让你做到以下几点：

①独特：你的独特性把你和你的竞争对手区分开来，让别人可以根据自己的需要认出你并选定你；

②销售：强调销售的特性，你的根本目的是说服你的对象客户来购买你的产品或服务；

③卖点：是一种动态的销售建议和提议，让对方接受你。

美国联邦快递就是靠它的独特销售卖点迅速占领了美国的隔夜快件市场，即“Federal Express: When it absolutely, positively has to be there overnight.”它解决了客户的问题，即“我的物件需要保证按时、准确、快速地送达”。案例 9-3 是独特销售卖点的成功实例，可作为写作外贸开发信时的参考。

案例 9-3 **独特卖点分析**

①物流行业：

客户内在需要：明天要发到客户那里，却找不到公司保证做到隔夜快速递送。

独特销售卖点：“When it absolutely, positively has to be there over night.”

中文大意：绝对、必须在次日送到。

分析说明：美国联邦快递的著名广告。

②食品行业：

客户内在需要：孩子们很饿，而爸爸妈妈却没有精力做饭。

独特销售卖点：“Pizza delivered in 30 minutes or it's free.”

中文大意：保证 30 分钟内把比萨送到，不然不要钱。

分析说明：多米诺比萨的这个卖点口号，价值评估在 10 亿美元以上。

③房地产行业：

客户内在需要：自己的房子需要迅速出售，但不想贱卖。

独特销售卖点：“Our 20-step marketing system will sell your house in less than 45 days at full market value.”

中文大意：我们用 20 个步骤的营销系统，让你的房子在 45 天之内卖出市场高价。

分析说明：某房地产经纪公司的广告。

④牙医行业：

客户内在需要：因为怕疼痛和排长队，人们非常害怕去牙医诊所。

独特销售卖点：“We guarantee that you will have a comfortable experience and never have to wait more than 15 minutes or you will receive a free exam.”

中文大意：我们保证您过程愉快，等候绝不超过 15 分钟，不然，全额免费。

分析说明：某牙科诊所的独特销售卖点，有助于克服一般人的恐惧心理。

⑤药品行业：

客户内在需要：着凉了，感冒了，很难受，睡不好。

独特销售卖点："The nighttime，coughing，aching，sniffling，stuffyhead，fever，so you can rest medicine."

中文大意：用于治疗晚上咳嗽、疼痛、鼻塞、头晕、发烧等，可以让你安睡。

分析说明：感冒药 Nyquil 的广告，强调安睡。

⑥珠宝行业：

客户内在需要：珠宝价格昂贵、零售利润奇高。

独特销售卖点："Don't pay 300% markups to a traditional jeweler for inferior diamonds! We guarantee that your loose diamond will appraise for at least 200% of the purchase price，or we'll buy it back."

中文大意：不要为了一颗平凡的钻石而给传统珠宝商 300%的常规定价利润！我们保证我们给您的散钻可以被估价师评为至少两倍于您所支付的金钱，不然，我们立马原价收回。

分析说明：某珠宝直销商的广告，提供具体的数据和强烈的保证。

第二节 不同类型询盘的回复技巧

在网络贸易的相关活动中，邮件交流是最常见也是最需要技巧的一项工作。本节将重点从询盘回复这个环节进行探讨，对贸易活动的交易、结算等环节中的邮件技巧不进行详细讲述，读者可以参考国际贸易函电的相关读本，同时，本教材附录中的案例也可作为参考。

一、询盘回复的注意事项

一般来说，询盘的回复应该注意以下一些事项：要第一时间回复客户（客户当地时间 24 小时内）；针对客户问题做出准确的回答，体现公司的形象和实力，以及表示合作的诚意。

在回复询盘前应了解以下内容：看清询盘内容，避免不必要的错误和遗漏；分清买家用意，有针对性地回复；掌握一些买家的信息（如通过买家的网站、买家的国家的市场、买家感兴趣的产品）来了解买家。

二、"鸡肋"客户的询盘回复

网络贸易中，经常碰到这样的客户，联系了总是没结果，时不时地又过来问一下价格，浪费了大把精力，却总也找不到交集。如案例 9-4 所示的这个客户就属于典型的"鸡肋"客户。

案例 9-4

The buyer is interested in your products below:

digital photo frame STYLE No. 1639

Subject: I want to buy the product you are selling in Alibaba. com.

Dear Sir,

Hello, I would like to know more about your products and pricing please.

Sender's contact information:

Contact person: Mr. Amir Butt

Country/Territory: Pakistan

Business E-mail: stylo_amir@yahoo. com

对于这种以问价格为主的客户，可以进行通用的回复方式，将更多的精力放在重点客户上。同时，如果有时间，可以定期给这些客户发一些新的产品信息，增加合作的机会。

回复示例：

Dear Mr. Amir,

Many thanks for your inquiry dated from aibaba. com.

In order to make more correct quotation accordingly, please kindly tell us the exact model number you prefer to after checking our website of www. abc. com. cn.

Besides, in order to help us offer the best price, please introduce your company as many details as you can. Such as your company's foundation time, how many workers, major product lines, company website and last year's sales revenue and so on. More details, better price.

Waiting for your early reply.

个人认为，对于"鸡肋"客户，应该去培养和扶持他们，特别是在此区域没有客户的情况下。"鸡肋"客户无论成败，对厂家来讲或多或少都有好处，如果合作成功了，整个市场也就活了；如果合作失败，产品也能增加一定的知名度，对下一步注入这个市场心里更加有底。

三、潜在客户的询盘回复

所谓潜在客户，是指对某类产品（或服务）存在需求且具备购买能力的待开发客户，这类客户与企业存在着销售合作机会。经过企业及销售人员的努力，可以把潜在客户转变为现实客户。一般潜在客户的咨询如下所示。

案例 9-5

Subject: Inquiry about Barbies Collection Girl's Wear.

Dear Amy,

We are the importers and manufacturer of various Children's wear in India.

I am looking for the Barbies collection to be supplied in India on a regular basis.

Looking for skirts and long pants. Kindly reply on an urgent basis.

Contact Name：Mr. Naresh Shukla

Company：i-care

Country/Territory：India

Busines E-mail：naresh. shukla@i-care. com

Telephone：91-11-30825970

Fax：91-11-308259751

Web：www. i-care. com

对于潜在客户应先详细了解对方对产品的真实要求，然后有针对性地进行推荐，力争把潜在客户变成自己的现实客户。

回复示例：

Dear Mr. Naresh，

So glad receiving your enquiry for our Barbies' collection from Alibaba. com. Thanks a lot.

We are a leading manufacturer in children's wear in China and our products have been exported to customers all over the world such as * * *. The Barbies' collection is the most popular style in our factory，selling fast.

However，detailed price list for the skirts and long pants will be sent to you based on your specific further product description such as color，specification，special design requirement etc. Please check the following styles photos which should be suitable for your Indian market and tell us more requirements on the exact skirts and long pants.

Please do not hesitate to contact us if you have any question and we are waiting for your reply.

Best regards，

Amy

潜在客户应该分以下三种情况分别处理。

情况一：客户对产品比较感兴趣，也需要这种产品，只是对价格还有不同的意见。针对这种客户，最好收集同类产品的价格情况，从自己的产品成本出发，让客户了解你的成本，以取得对你产品价格的认可。为了达成协议可在原报价的基础上有所下调。

情况二：客户对产品很感兴趣，也想购买你的产品，但由于暂时的资金问题无法购买。对这类客户应和他协调好，共同制订出一个时间表，让他把购买你的产品费用做进一步的预算。当然这类客户不会直接说自己没钱，要学会自己判断。有许多销售员不会跟进这类客户，想跟进时，客户已经购买了别人的产品。笔者的做法是只要客户靠得住，先给产品再约时间收钱。

情况三：客户对你的产品还没有一个很深的了解，态度暧昧，可买可不买。对这类客户要尽量浅显易懂地介绍自己的产品，要把产品给客户带来的好处量化，激起客户的购买欲，客户往往最关心你的产品会给他的公司带来什么样的实惠。

四、骗子客户

网络上，真真假假，虚虚实实，同时有很好的隐蔽性，这也为骗子的产生提供了土壤，很多做网络贸易的业务员都或多或少地被骗过，付了不少"学费"。因此，本章节先针对骗子客户做一些初步介绍，后面的第十章将探讨一些防骗的技巧。

下面是一个典型的骗子客户的邮件案例：

案例 9-6

Dear Friend,

I am Moshod Mobutu Sese Seko, son of the late President Mobutu Sese Seko of Congo Democratic Republic former. Republic of Zaire was war in my country and so on: family members escaped to Morroco while I am presently at a refugee camp in Ireland monitoring events. Because of the present crises, my environment is not conductive for investment and more over, most of my father's properties and account have been frozen by the present government of Joseph Kabila.

Now, I want to set up a business overseas and I have about ＄50 Million United State dollars set aside for this project,I decided to contact you to help me in setting up a business, but would not want my name or family name to be used.

I am prepared to give you 20% of the total sum if you can assist me in claiming this fund from a security volt in Europe, where my father(Mobutu Sese Seko) deposited this fund before he died.

Please, do contact me immediately for us to discuss. As soon as I hear from you, and confirm your assistance every documents regarding to the claiming of this fund will be handed over to you as the family's foreign partner.

Best regards,

Moshod Seko

这类客户在询盘时，对询问产品性能、材质等方面只是停留在表面，一笔带过，毫不关心。在洽谈生意过程中，对方会反复强调自己的订单很大，强烈要求供应商到自己公司来谈，甚至直接威胁——不来就没得谈。他们利用钓鱼网站，骗取会员的账号和密码。

不难看出，真正的客户一定是对产品有需求的人，那么他肯定首先关注与产品有关的问题，其次才是其他因素。而骗局中的"客户"没有那么多耐心，更没有时间跟你先讨论产品的相关问题。

所以识别网络上客户的真假，最主要的就是去观察总结客户的需求点是什么，当然，克制贪心、冷静处理、细心观察是我们总结出客户需求点的基础。

五、重点客户的询盘回复

重点客户是企业最需要关注的客户群体，一般来说，重点客户也是最终给业务员带来效益的客户。案例 9-7 是一个重点客户的邮件案例：

案例 9-7

From：feedback@service. alibaba. com[mail to：feedback@service. alibaba. com]

Sent：Tuesday，December 07，2011 10:36 PM

To：daniel@hanxiong. cn

Subject：[lolita@apasdeget. de]I want to buy the product you are selling on Alibaba. com. What is the price of LED key light?

We are engaged in promotional projects and need to supply LED key lights per the following：

Please quote this glasses for 5000，10000，20000 pcs with our own full color design，also send me best production time and packing info.

Letter 1（给客户的第一封 E-mail）

Dear Barbara，

Best greetings for you.

I am Helen from Yinhan Co. ,Ltd. , which was founded in 2000，which is a professional manufacturer of the promotion and gift items.

As we found there are some technical problems with the molding of this model，we recommend a similar item(#002)，which is very popular in European market.

See the attached quotation.

We are pleased to send you some samples for further perusal. Which color are you interested in?

As you know，the cost of raw material is advancing currently，price varies every other day，please confirm the order ASAP.

I'd like to call you tomorrow morning at 10:00 am at your time，does it work for you?

Looking favorable news soon.

Regards，

Helen Lee

Letter 2(客户回复的第一封 E-mail)

From：Barbara Balles[mailto：bballes@zeller-gmbh. com]

Sent：Wednesday，August 17，2011 8:29 pm

To：Helen

Subject：RE:LED key light

Helen，how are you?

I'm finally somewhere near to close this order for 10,000 pcs.

Please check I need some information from you.

① If we make the individual opp bag packing，how would the final packing be?

②I need to know the weight of each item.

Regards,

Barbara Balles

Letter 3(给客户的第二封 E-mail)

From：Helen

Sent：Wednesday，August 18，2011 10:49 AM

To：Barbara Balles [mailto：bballes@zeller-gmbh. com]

Subject：RE：LED key light

Dear Barbara,

I am glad to hear from you again.

According to your questions，our answers are as follows：

① If we make the individual opp bag packing，how would the final packing be?

qty/ctn：3,000 pcs,

g/w：19.5 kg,

size of ctn：42×39×29 cm.

②I need to know the weight of each item.

Each item weighs about 7g，include the opp bag.

By the way,

You can add my MSN，Skype，we can give you information online.

Thank you.

Helen

Letter 4(客户回复的第二封 E-mail)

From：Barbara Balles [mailto：bballes@zeller-gmbh. com]

Sent：Wednesday，August 25，2011 3:05AM

To：Helen

Subject：RE：LED key light

Helen，how are you?

Please check we've closed this order!!! Please send me PI.

Regards,

Barbara Balles

重点客户跟进方法介绍如下：

①主动才是积极，相信只有主动出击的人，才会有成功的机会。客户需求明确时，要在24小时内回复客户邮件(最好是客户当地的上班时间)。有必要的话最好打电话给客户，让他对你有一个好印象，注意查看你的邮件。

②以终为始，给自己在不同时期制订一个力所能及的目标。为自己每个月的业绩目标或每一阶段的目标设定一个较易完成的任务量，当然是以前期高点为目标，哪怕在这个月只

增长了几元钱的销售额，也会让你觉得业绩在增长，因为这样才可以让自己一直保持一种乐观的态度去对待工作。我们需要在客户的跟进方面做一些阶段性的评估、持续修正及改良，但最重要的是有方法地坚持。

③三赢策略，站在公司、客户、自身三个角度力求平衡。在整个销售过程中，最忌讳的是让客户觉得我们是处在销售方的位置上。买和卖天生就是一种对立统一体，问题在于在买卖的过程中，作为销售方如何因势利导，往统一方向行进，让客户觉得我们站在他的位置上一直为他着想。作为一个公司的销售人员，我们一定会站在客户、公司与自身的角度，力求让三者间的利益达到一种平衡(这样很容易让客人觉得我们很坦诚，因为他们最怕遇到一些不诚恳的商家)，让你的客户加深对你的信任度，为自己下一步的跟进工作铺平道路。要记住常在客户面前找合适的机会，说些贴心的话，加深他们对你的认可度。当然，你必须以发自内心的诚意对待你的客户，尽可能设身处地地帮他着想。

思考与练习

项目一：以湖州翔顺工贸有限公司为例，撰写网络贸易开发信

【活动目的】学生学会为企业撰写基本的开发信。

【活动内容与要求】

1. 登陆湖州翔顺工贸有限公司的网站，了解公司的基本情况和商品；
2. 撰写开发信，并说明开发的国家和地区。

【结果与检测】

完成开发信的撰写。

项目二：根据询盘撰写回复邮件

【活动目的】学生学会根据不同的询盘撰写回复邮件。

【活动内容与要求】

1. 教师提供若干真实的网络贸易询盘；
2. 学生注册阿里巴巴中国站，了解产品在国内的生产信息和价格信息；
3. 撰写回复邮件。

【结果与检测】

完成询盘回复邮件的撰写，如果对方有回复，则更佳。

第十章　网络贸易的防骗技巧

知识目标：

1. 了解网络贸易活动中的经典骗术
2. 了解网络贸易中的骗子邮件或者询盘的特点
3. 掌握网络贸易防骗的一些方法

能力目标：

1. 能分析网络贸易中的经典骗术
2. 能结合各类询盘分析骗子询盘
3. 能结合邮件分析骗子邮件的特点

第一节　网络贸易基本骗术及分析

一、网络贸易骗术的特点

网络贸易不仅给人们带来了交易的便捷，也给各类经济骗子提供了方便。各种各样的骗子纷纷出笼。他们编织各种美丽的谎言，设计一个个诱人的陷阱，以达到骗钱骗物的目的。一般来说，网络贸易是典型的买方市场，销售方往往要经过长期的磨合才能得到客户的信任并获得订单，所以，当遇到以下一些情况的时候，就要特别小心：如订单出现得很突然，主动找上门，有种天上掉馅饼的感觉；订单数额很大；挂有“某某进出口公司”“某某物资中心”“某某代表处”等外贸公司名头；迅速答应签单；对生产厂商的产品质量及工厂规模等不关心，且从不要求到厂家进行考察；一定要求生产厂商到对方公司签订合同；结算方式特别优惠；等等。

二、网络贸易骗术的类型

根据目前网络贸易中业务员的总结，我们可以归纳出以下几种网络贸易骗术类型，当然在实际业务中，骗子的手段可能更加丰富多样，必须有十足的防范意识，才能在业务中立于不败之地。

1. 大量采购型

询价过程非常热情，对你公司的产品很感兴趣，第一次来电话就要订货，量很大，库存、新货通吃，签订购销合同的愿望非常强烈。当然这些是在他没有看到样品、没有派人来实际考察的情况下做出的决定。一般来说，贸易活动都是在一定的试单之后，才会有大单跟进，所以一开始就大量采购的，一般就要小心了。

2. 三角骗术型

一般来说，网络贸易的成单难度都比较大，如果有人主动联系，并承诺要大量采购，很多精明的业务员往往会提高警惕。但如果对方连定金都付了，是不是就一定安全呢？也很难说。因为现在很多经销商和工厂会联合起来进行三角骗术，令人防不胜防。

案例 10-1　　**A 公司遭遇三角骗术**

A 公司是一家生产服装和日用品的工贸一体企业，业务员小王刚进入公司，一直在努力开拓业务，但由于人脉和经验不足，苦于业务局面一直无法打开。某天，他在网络上联系到一个客户，该客户要求来现场看，并进行洽谈，小王非常兴奋，并进行了准备。客户如期来厂，提出要采购 10 万件衣服，并付了 10 万元定金。小王送走客户后，为按到"大单"欣喜若狂，他在研究客户需求后，发现这批衣服的选料比较特殊，他的工厂无法生产，必须外包到他们的合作企业 B 公司生产。在与 B 公司联系后，他们也非常愿意接单，但提出要全款提货，小王仔细核算后，除去 B 公司的生产费用，这个单子至少可以赚 30 万元，所以就答应 B 公司的条件，并向老板申请垫资生产。

一个月后，小王付清了 100 万元的货款，顺利从 B 公司拿到了货。按照客户要求，整批货的合同价格是 135 万元，正当小王兴冲冲地给客户电话时，对方再也联系不到了。

3. 索要佣金型

这类公司一般打着"××边境外贸公司"的旗号，以大额订单作诱饵，签完合同后，让客户把货发往某地，然后以对方来华验货要先付佣金为由，骗取钱款。如果你把佣金付了，他可能随便找个理由说质量或包装有问题，货不要了；如果你不付佣金，货拉去又拉回来，运费、精力白白浪费。也有客户提出要行贿国外的相关公司的人员，提出索要佣金等。

案例 10-2　　**业务员小张该如何选择**

A 公司是一家专业生产军工服装和面料的企业，某一天，业务员小张收到一个很详细的询盘，对方自称是一家尼泊尔的贸易商，要求大量采购军用迷彩服面料，在进行沟通后，对方提出要小张支付一部分佣金（当然是以佣金的名义），小张问原因，对方说，实际上就是去行贿军队的军官，好获得这批货物的采购权。小张该如何应对？

4. 骗吃骗喝型

骗不到大钱，骗一顿饭，骗几条烟，一般先打着紧急需求你方的××产品，说产品很不错，符合他们的要求，然后以"由于首次合作，产品具体数量根据实样定量，初步计划×0 万元人民币货物，望尽快落实"的话让对方公司寄样品过去，接着如果你寄给他了，他会说样品验收合格，马上要求签合同，并说要送礼、请吃饭等。

5. 国营旗号型

"我公司系××市综合性批发国有企业，下设××化肥厂、××农资公司、××能源物资公司、××建筑材料公司，无所不包。"你是生产什么产品的，他们就有相应的贸易物资公司，给人一种实力强、信誉好的先入为主的印象，结果不是骗样品，就是骗烟酒、吃喝。

6. 豪华障眼型

典型的是美国 NDN 经贸合作集团深圳恩狄恩公司、深圳艾比艾公司(ABA 国际联营有限公司)，他们均在深圳国贸大厦租有整层的楼面，装潢气派，工作人员多，电话多，企业样品多。首先给你发一份传真，说有国外客户需要此产品，请传真你公司的资料和法人名片等，如果你传真过去，他们会在两三天内发一份邀请函，请你赴深圳面谈，你去后，他们就会向你索要 5000 到 10000 元不等的介绍费。

7. 战略变换型

此类公司在公司名称和地址上很花心思，通常在"×××对外贸易总公司""××工业产品(粮油产品)对外经济贸易综合公司""××外贸公司"或"××对外贸易公司××分公司"等名称中不停地变换，而地址不外乎××国贸大厦、××市(县)对外贸易大楼或经贸大厦。

案例 10-3　　**一封骗子邮件及分析**

对方询盘

Message Subject	Inquire about Water-soluble / Embroider Lace (1)
Message Content	Dear Sirs, We come across your name and address through made-in-china that you are one of the leading manufacturer and exporter of lace assorted in China, so as our line of business, we are using this medium to introduce our company to you as one of the leading importer and wholesaler distributors of high quality satin lace, embroidery lace, lace assorted in our country Nigeria. Meanwhile, as we have not been dealing with you in business transaction before, we may not surely know your real terms of business and how you send goods to your customers all over the world. So we would like you to tell us more details about your company: your range of products and their prices. Waiting to hear from you soon. Best regards, Achimba ONYIKE
Message code	lMgmRkbKneYF
Date & time sent	2008-09-02
Sender	Achimba Onyike
Company	ONYLINK INVESTMENT LIMITED
Email	onyikeachimba47@yahoo. com (NOTE: Please REPLY to onyikeachimba47@yahoo. com but DO NOT REPLY to en_notification@made-in-china. com)

Telephone	234-7034495096,8023443440
Fax	234-4920010
Country/Region	Nigeria
Sender's IP Address	77. 220. *. *
Sender's IP Location	United Kingdom

首次回复

Hi, Achimba Onyike

I'm very glad to receive your enquiry.

About our product:

Water-soluble Lace(Embroider Lace)

Width: 5cm

Material: 100% polyester fiber

Unit Price: FOB shanghai USD 0.18/yard

MOQ: 10000 yards/pattern

Terms of Payment: 30% by T/T payment in advance, within one week after the signment of the contract, the balance by T/T against the fax of the B/L. We will send the original B/L to you upon receipt of the payment.

Samples: in the appendix

Would you please let me know more about your company, our possible cooperation ways? Thanks.

Best regards,

Tony Pan

对方回复

Dear Tony Pan,

Thanks for your mail and your effort towards establishing a lasting fruitful business venture with our company, very much thanks.

We are ready to do business with your company for mutual benefit, and you will be happy to have us as your client here in Nigeria, the biggest market of Africa, we have studied your products and compared it with our local market prices. Your products are OK to our local market if your products are of good quality, so based on our findings, we have decided to send our managers to your office in China, to evaluate your products' quality and also develop our future business and buy the products from you, since this is our first business transaction with your company, as regards our mode of payment, as soon as our managers confirm your products, quality while in your office in China, we will remit 50% of the total receipt value of our order to start production, while 50% balance as soon as we received the fax copy of the shipping document (bill of lading), so please confirm it, please note that, we apprieciate discount if possible.

So as soon as we hear from you, we will forward to you our managers passport information bio-data and our company trade license to you to arrange invitation letter from your government authorized unit China.

We sincerely look forward to a lasting fruitful and mutual business relationship with you, waiting to hear from you soon.

Best regards,

Achimba Onyike

提问:邮件中的"骗局"暴露在哪些方面? 如何防范?

第二节 应对网络贸易骗术

一、应对网络贸易骗术的基本原理

原理一:天上不会掉馅饼。这个原理的含义读者非常容易理解,在业务发展中,很多业务员都要经过长期的沟通不断地积累,才有可能获得相关业务,当机会来得比较突然或者比较容易的时候,往往给人天上掉馅饼的感觉,而事实上,这可能是骗局的开始。笔者与很多老业务员进行过交流,几乎没有一个人遇到过天上掉馅饼的生意。

原理二:不见兔子不撒鹰。这也是一个非常简单的道理,就是在交易过程中,充分注意结算的安全。目前的交易过程中,支付宝确实可以缓解交易的风险,同时,各类信用保险、信用证等结算方式也一定程度上有助于规避结算风险,但结算方式往往需要交易双方的认可,一般当对方执意选择较不安全的结算方式时,就要特别小心。

二、主要的应对技巧

(一)真假客户的识别

在网络上做生意,我们如何去识别客户的真假和辨别客户的诚意呢?

总结起来,最关键的一点就在于碰到客户时要保持冷静、保持细心,另外很重要的一点是观察和总结客户的在意点。

1. 外地大单骗局

对方故意选取离自己比较远的供应商,先以超大金额的订单诱惑供应商到对方公司去谈,当供应商到达当地后,对方总能很快和供应商谈定合同。但由于需要疏通部分关键人物等特殊消费,对方会要求供应商请客吃饭、送礼给钱。结果是当供应商请客吃饭、送礼给钱以后,对方就会无故失踪。

这类客户在询盘时,对产品性能、材质等方面的询问只是停留在表面,一笔带过,毫不关心。在洽谈生意过程中,对方会反复强调自己的订单很大,强烈要求供应商到自己公司来谈。

2. 小金额快递费到付骗局

通常是客户主动找供应商咨询:你们能不能帮我们定做某某产品?主动提出给供应商寄样品,但需要样品费到付。而在这个过程当中,客户会想方设法让供应商同意接收样品并对样品付费,会以自己没有相机、不会上网、没有视频等借口,不让供应商看到产品。但是当供应商收到样品的时候,却发现客户说的样品只是市面上极为普通的样品,却需要付很高的快递费用。当供应商付了快递费后,就再也找不着客户了。

客户在交谈中,对于需要定做的产品没有特殊要求,甚至连材质也不关心,只在意能否把样品发给供应商。客户推脱借口前后矛盾,比如有的在自报家门的时候说是在网络上发现供应商的联系方式的,后面却又用不会上网之类的借口回绝让供应商通过网络更进一步了解产品的要求;快递地址与客户提供的所在地不符;到付快递费非常贵,甚至连送快递的人都不是平时给自己配送快递的人。

3. 检测考察费用骗局

这类骗局中通常客户以外贸公司的名义,借口需要采购供应商的产品进行出口,在正式下单前要求供应商出钱给他们进行产品检验,而且必须在客户那里检验,或者客户直接要求供应商出国到当地进行考察。其实很多产品供应商都有相关的检验证书,但这些客户不认,要求一定要到他们当地检验才算,从中骗取检测费。

4. 冒充部队及政府机构骗局

一般客户会自称是中国人民解放军××后勤部的,想采购一大批××产品,并提出要下订单必须给一定的回扣。首先,他会要求供应商寄样品过去,然后告诉供应商货款已经打到账户了,要求供应商马上将回扣付给他。但是当供应商去银行查询账户时,很可能发现是空头支票。

其实一看到这样的采购订单就应该知道是骗局了,因为这一类单位通常都是通过招标的形式进行采购的,绝不会直接就把订单传给供应商,而且这类单位通常都会给采购的负责人开具授权书或介绍信,只要供应商提出核实身份的要求,对方就很容易被识破。在下单之前,他们总是会事先提出回扣、好处费之类的要求,一旦供应商答应,对方很快就传真汇款凭证(自己伪造出来的),并在第一时间要求供应商兑现之前承诺的回扣。这样的客户依然不在乎你的产品,而是只在乎你什么时候给他兑现回扣。并要求用自己拟定的合同。

从以上几大类以客户身份进行财物欺骗的高发案例来看,我们不难总结出,所谓客户一定是对产品有需求的人,而对产品有需要,他肯定首先关注的是产品的材质等方面,其次才是其他因素。而骗局中的“客户”没有耐心,更没有时间跟你先讨论产品的相关问题。

(二)网络贸易交易过程中的防骗

1. 慎重剔除不适合的客户

①避开基本资料不全的对象

网络上基本资料不齐全的公司,大多规模较小,很难有像样的订单,财力也不够雄厚,充满不确定性,并非良好的交易对象,而且这些资料不全者中隐藏着许多骗子,所以最好避开。对方基本资料不全,比如只有电子信箱、传真或电话,或联络困难者,皆应尽量避免接洽。

②避开电话与地址不相符的对象

诸如公司地址在 A 国，却留 B 国的电话等，此类商机大多有问题，最好避开。

③避开不合理询价的对象

对于出价太高的买主或以超低价贩售的卖主，不要轻易相信，与市场行情相差太多的价格表面上似有超额利润，实际上却可能含有许多潜在风险，此类商机应尽量避免接洽。

2. 务必审核客户的基本信用

对于资料齐全，看起来不错的公司也不能轻易相信，有很多恶性诈欺的公司往往利用精美网页或在知名网站刊登广告，以制造假象取信客户。最好的方法就是初次接触前先找信用调查公司审核对方的基本信用，以过滤掉高风险及潜在的不正当客户，保障交易安全。当然信调公司本身素质也非常重要，目前网络上有许多巧立名目的征信公司，没有营业登记证或登记年限不实，甚至连公司地址也没有，单留免费电话等客人上钩。因此请尽量使用优良的国内信用调查公司或海外信调公司，签订合作协议，降低交易风险。

如果没有资金和渠道去做征信工作，有两件事情是你可以做，也是应该做的：

①用谷歌搜索对方公司的名称、地址、电话、邮件地址，看看来自网络的信息。一般如果一点也搜索不到，是很不正常的，一个正常的贸易公司不应该只和你联系过。如果有搜索到的内容，打开查看一下，或许别人已经在网上投诉了。

②在吃不准的情况下，多和你的同事、老板交流；在发布的时候，请适当注意商业信息的保护，屏蔽掉一些关键内容。

③审慎处理各项交易过程

做好信用调查后，并不代表交易就完全安全，因为有许多隐藏着的风险，单由信用调查无法得知。在交易过程中，还是必须小心，步步为营，才可以规避风险。

a. 交易前应先提供样品

交易前最好先提供样品，本身亦需留下部分样品，并要求对方支付样品费用，以示诚意，样品为确认双方品质标准的最佳凭证，可避免日后无谓的纠纷。

b. 妥善签订交易契约

契约书应该包括以下几点内容：数量、交货期、出货方式等销售条件；双方品质检查规格基准及发生问题时的仲裁条款；退货处理及其他售后服务条款；付款方式及履约保证。

如我方为出口方，一定要坚持对方使用信用良好的银行，初次成交，最好要求对方用信用证付款，特别是务必避免以 TT 汇款（现金汇款）方式交易，因为如果货到对方手中，而对方不肯汇款，最难索回贸易损失。

3. 交易过程中，不可忽略的风险管理

①经常和对方保持联系。经常通过对方公司电话和对方联系，确定联系人在该公司的职衔，特别要提防拒绝提供公司电话，只提供手机和电子邮件的客户。详细询问对方关于本次交易的价格、品质、付款方式及合约内容等，有诚意的商人会仔细研读并能立刻作答，反之则可能有问题。

②交易成立之前，最好安排时间亲自前往拜访。

③如果交易金额较大，最好能拜访对方，特别是到对方公司实地了解其运作情况，这对降低交易风险有极大帮助。不过有恶劣的歹徒会利用绑架等手段，对客户索要财物，所以人

身安全确认也非常重要。

4. 信用证的风险管理

信用证虽是相对安全的付款方式，但仍有人使用信用证诈欺，所以接到信用证，务必确认信用证号码、开证日期、开证银行名称和地址、装船日期、有效期限、装卸港口、申请人、交货期限、总金额、转运条款、分批装运等，另外也需向开证银行查证，以免收到不正确的信用证而无法兑现。

5. 品质标准与不良品处理

一般国际贸易中价格、交货期限、数量等皆由双方事先谈妥，任何一方违反承诺一目了然，但品质却因主客观的标准不同，极易发生纠纷，经常可见买卖双方互相埋怨，买方认为卖方故意以次充好或掺杂不良品充数，卖方指责买方销售状况欠佳而借故退货等。品质纠纷一旦发生，确实很难厘清对错，所以在交易过程中一定要仔细谈妥，特别是如果你是买方，最好能找到中立的仲裁公司，遇有品质问题时，以仲裁公司裁判为准，以免吃亏。

三、网络防骗参考网站

网络防骗参考网站如表 10-1 所示。

表 10-1 网络防骗参考网站

网站内容	网址
锦程物流防骗网站	info. jctrans. com/zhuanti/zta/230306. shtml
网上贸易防骗不完全手册	www. shangjuyuan. com/forum/article-zdi0tcoxcbzxp-1. html
维权防骗网	www. wqfpw. com
慧聪网的贸易防骗宝典	info. biz. hc360. com/list/swzn-mybd-myfp. shtml

思考与练习

项目一：上门签约的诈骗案例

马经理所在的工厂生产一种工业用的配件，2008 年他通过网络认识了一个买家 A，通过在百度和谷歌中输入该买家的抬头，马经理发现该公司在网络上没有不良的交易记录，同时这个客户还是某著名电子商务平台的长期会员。谈判初期客户表现得非常专业和严谨。谈判过程持续了大概一个月，对方邀请马经理去客户所在地谈生意，并且没有向他收钱或是讹餐费，只是告诉他这个单子很大，他们只是负责考察的中介，如果马经理愿意，可以推荐他去 B 公司具体谈，如果生意谈成，他们收取一定的回扣作为介绍费，如果没有谈成，就不收费。他们接着又去了 B 公司，果然很顺利地谈成了生意，拿到了不错的价格，同时 B 公司让马经理感觉规模很大，很有实力。B 公司问他："你是否能做下来这个单子？如果能做，就交 15000 元的合同保证金。如果合同能正常履行，这 15000 元可以抵扣。"到这份上，马经理乖乖地交了钱。等把合同拿回来，他才发现不对，合同中写了一条，要求他提供的产品，满足 100% 品质要求，而懂行的人都知道这种零件的特殊性，只要对方想，总能在这种产品中挑出毛病来，使之无法达到100%的合格率，这样，合同就无法执行下去。马经理已经交了15000元的合同保证金，只是合同有个软条款自己没看清，导致即使乙方生产了产品完成了订单，也可能因此蒙受损失。而那家B公司与A公司实际上是一伙人，A公司没有收取任何费用，它在网络上的信用记录会继续保持良好，可以再次行骗。事实上，就在马经理被骗的同时，B公司以同样的手段与另外两家生产商签订了类似的合同。

提问：马经理受骗的原因是什么？如何防范？

项目二：外地公司驻本地从事处诈骗案

王老板今年60多岁，在浙江慈溪经营一家木制玩具工厂。他在阿里巴巴网站收到了一个询盘，询盘内容是"某香港公司驻宁波办事处采购员Helen需要采购小批木制玩具出口到美国"，就像正常的网络贸易操作流程，王老板报了价格，在送样品的时候客户非常有礼貌地给了样品费。经过大约两个月的网络和电话洽谈，有一天Helen打电话给王老板，说最终客户已经下单给香港公司，他们决定要下单给王老板。王老板也是老江湖了，下单前他特意跑到宁波来考察。这家公司在宁波著名的商业楼里，员工也很多，让王老板感觉这家公司很有实力。付款条款谈判时王老板也感觉很正常，客户也接受30%的预付款(付的是香港公司的美金款。他们的合作是这样的，这也是目前最常规的操作方式——先30%前TT，工厂生产货物，货物制作完毕，发货到指定港口，用提单的复印件向客户收取余下的70%)。王老板收到30%定金以后就安心地去安排生产了，订单非常顺利。等到确认提单的环节，Helen提出了一个要求，因为香港公司是中间商，他们不想让最终客户知道工厂的具体抬头和联系方式，所以他们公司希望把提单的SHIPPER修改成香港公司抬头。因为当时货已经生产好了，自己已收了30%的定金，订单也不大，又感觉香港公司比较可靠，王老板最终就答应了。这样前后合作了几次都非常顺利，王老板感到很幸运，遇到了这样一个好客户。之后，Helen又给了他一个4万美元的订单，也是同样的付款方式。订单完成发货到港口以后，同样是把提单的SHIPPER修改成香港公司抬头，大概过了一个月，当王老板找Helen公司询问余款的时候，却发现公司电话已经没人接了。联系Helen，得到的答复竟然是香港公司撤销了宁波办事处。王老板自我安慰，毕竟有正本提单在手，不担心客户不付款。但是又过了一个月，他甚至连Helen都联系不上了。当他详细询问一个外贸公司专家的时候，得到回答"事实上当他把提单的SHIPPER修改成香港公司抬头的时候货物的所有权已经转给香港公司了"，现在香港公司消失了，王老板要追回余款估计非常难了。

提问：王老板受骗的原因是什么？如何防范？